名作家具
個性空間

How to design STYLE ROOM

LOHO編輯部◎編

PUBLISHING
樂活文化

COVER
Art Director ／ Yuichiro Suzuki
Photo ／ ROGOBA Tokyo

CONTENTS

How to
design
STYLE
ROOM

名作家具個性空間

COOL、POP、SMART（俐落）、SIMPLE（簡約）……

每個房間的特色都是因人而異，

在這當中，個性房間的共通點就在於都很有型。

瞭解自己的喜好，熟悉佈置的訣竅，掌握該如何去做，

來吧！帶著你的自信現在就來挑戰看看，佈置出一個有型有款的理想房間！

STYLE.1
Scandinavian Style
北歐風格

STYLE.2
Mid-Century Style
五〇風潮

STYLE.3
Japanese-Modern Style
和式摩登

解決你對
房間設計的
所有疑惑！

尚風格

設計建議／山下真太郎（P.010-013、P.022-025、P.034-037）
攝影協助／R-Investment & Design http://www.r-id.co.jp

你絕對不可錯過！

3大流行時

簡潔溫暖的「北歐風格」、通俗明快的「五〇風潮」和沉穩洗練的「和式摩登」。
先來認識一下現今最具人氣的三大室內設計風格吧！

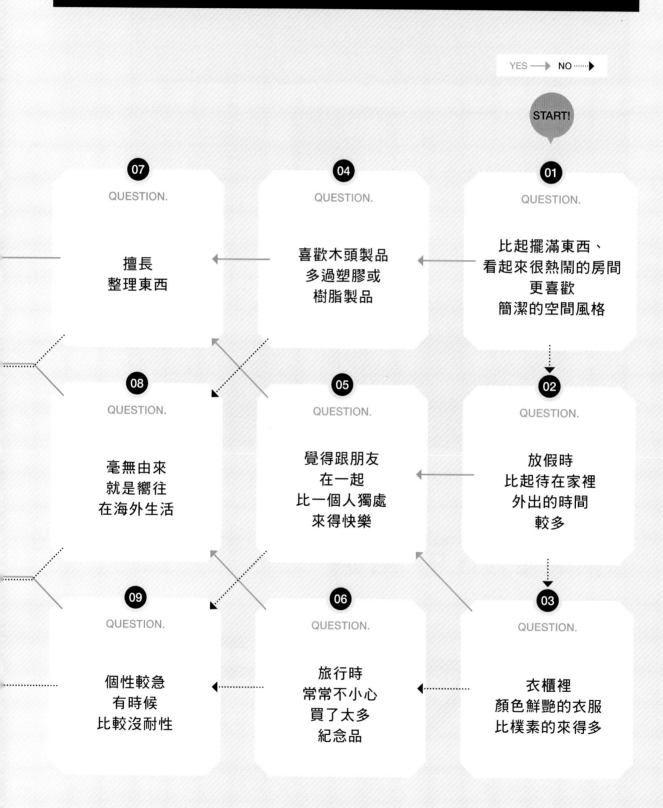

請以YES／NO回答以下問題，並依照箭頭路線進行。

YES → NO ▶

START!

01 QUESTION.
比起擺滿東西、
看起來很熱鬧的房間
更喜歡
簡潔的空間風格

04 QUESTION.
喜歡木頭製品
多過塑膠或
樹脂製品

07 QUESTION.
擅長
整理東西

02 QUESTION.
放假時
比起待在家裡
外出的時間
較多

05 QUESTION.
覺得跟朋友
在一起
比一個人獨處
來得快樂

08 QUESTION.
毫無由來
就是嚮往
在海外生活

03 QUESTION.
衣櫃裡
顏色鮮艷的衣服
比樸素的來得多

06 QUESTION.
旅行時
常常不小心
買了太多
紀念品

09 QUESTION.
個性較急
有時候
比較沒耐性

先來瞭解你喜歡的是哪種風格吧！

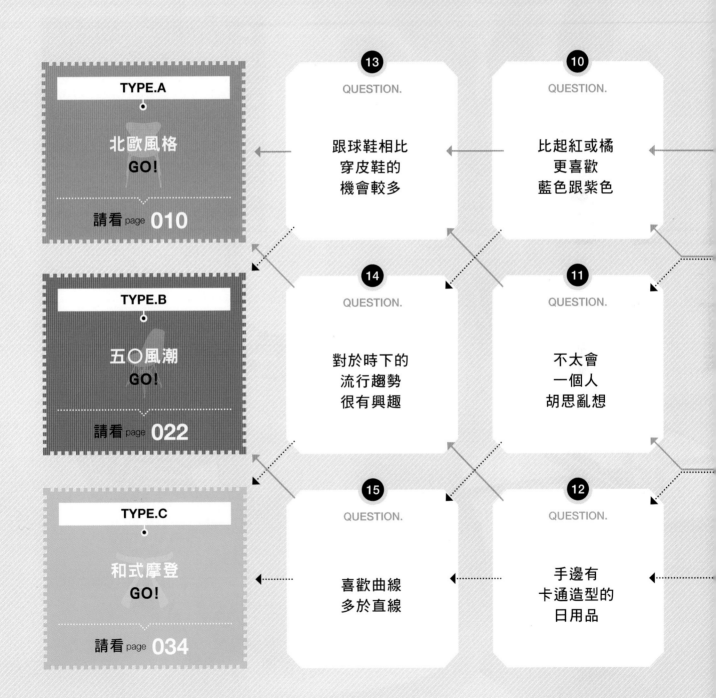

TYPE.A

北歐風格
GO!

請看 page **010**

TYPE.B

五〇風潮
GO!

請看 page **022**

TYPE.C

和式摩登
GO!

請看 page **034**

13
QUESTION.
跟球鞋相比
穿皮鞋的
機會較多

10
QUESTION.
比起紅或橘
更喜歡
藍色跟紫色

14
QUESTION.
對於時下的
流行趨勢
很有興趣

11
QUESTION.
不太會
一個人
胡思亂想

15
QUESTION.
喜歡曲線
多於直線

12
QUESTION.
手邊有
卡通造型的
日用品

STYLE.1

Scandinavian Style

? What's 北歐風格

**簡潔自然！
特點是色彩明亮！**

　　自從2006年IKEA登陸日本之後，日式住
宅營造成北歐風格的機會更多了。由於北歐的
自然資源豐富，因此在家具上大量使用木材，
創造出簡潔又溫暖的空間。北歐家具風格不像
「五〇風潮」那樣充滿曲線，也不似和式風格
般採用大量直線。再加上嚴冬漫長，因此也孕
育出善用燈具來增添室內光彩的特色。

DATA	材質 以木頭為主	色 木頭原色或 輕淡的冷色調	形 以緩和的 曲線為主

你絕對不可錯過！3大時尚風格

STYLE.1

北歐風格

簡潔的設計跟
日式室內空間很相配

營造北歐風格空間氛圍的搭配重點

這次主要使用白木家具來搭配出北歐風格，
就連乍看之下覺得放在房裡可能會太張揚的單品，
只要運用一點小秘訣，就能讓它和諧融入室內空間中。

POINT. 1

以白木家具做為統一室內風格的主要元素

很 難以「北歐風格」幾個字就解釋清楚它的內涵，因為除了以白木家具為主的簡潔摩登風之外，也有以顏色較深的復古家具所製造出的茶色空間。這回作為空間主角的是北歐家具大師阿爾瓦·阿魯多（Alvar Aalto）的傑作Arm Chair 400。曲線和緩的白木極具存在感，此外也特意選擇平常鮮少拿來搭配白木的斑馬紋椅布，強化洗練風格。

使用冷色系毛毯當配角以強化風格。若是淡米色系的椅子，則選擇有圖案，並且色彩反差大的單品搭配。

也可以挑選深咖啡色的復古家具來搭配

同樣是北歐風格，如果用深咖啡色家具來取代白木家具，房間風格就會為之一變。建議選用在北歐復古家具中常見的柚木或紫檀，可為空間增添沉靜逸趣。

POINT. 2

選用風格恰當的織品點綴空間

想 展現北歐風格，絕不能缺少善用織品布料。特別是清爽大方的空間，不妨大膽利用花色強烈的布料加以點綴。剛入門的人可先從與家具同色系的單品著手，減低失敗率。

牆上掛著兩米長的marimekko大型印花織布，marimekko為芬蘭極具代表性的織品大廠之一。

抱枕採用marimekko的UNIKKO系列，以茶色系的現沉穩風味。

晉級秘訣 Ⓐ

用柔軟舒適的沙發柔化空間

為了讓這兩把風格強烈的單椅和諧共處於同一空間中，在中間放置輕鬆舒適的沙發做搭配，以中和兩者間的差異。

POINT. 4

必備的燈具
主要使用吊燈及立燈

北 歐的冬天漫長而陰暗，因此孕育出了許多傑出的燈具設計。展現北歐風格時，可以搭配使用吊燈與立燈。這裡為了表現出轉角的張力，選用了一盞黑色立燈。

這盞線條筆直，採低調奢華風格的燈具是丹麥名家阿魯涅‧雅珂柏森（Arne Jacobsen）的名作AJ Floor Light。

吊燈則選用北歐代表燈具LE KLINT，看起來外型頗為複雜的燈罩，其實僅由一片薄片組成。

POINT. 5

以冷色系定調整體的靜逸氛圍

這 把原是為了旅館而設計的天鵝椅，突出的造型很容易壓過其它家具，搭配難度頗高，使用時可搭配同色系地毯（此處為冷色系）營造出整體感。可以想像「地毯是餐盤、家具是碗筷」，以在餐盤上擺放餐具般的感覺進行搭配。

芬蘭WOODNOTES公司的地毯，使用一種名為Papercord的紙纖維編織而成。

阿魯涅‧雅珂柏森為哥本哈根SAS Royal Hotel所設計的天鵝椅（The Swan）。

晉級秘訣 B

用玻璃桌面來強調空間的
自然氛圍與冷色系

此處選用玻璃桌面，透過玻璃可清楚看見地上的地毯，讓空間整體的冷色系元素更能明顯地跳脫出來。

POINT. 3

使用帶有圓滑曲線的柔和小物

北 歐的陶器與玻璃器皿設計也很傑出，因此用來搭配的小物不妨也使用北歐製品。桌上的餐盤與杯碟都來自在日本與瑞典都很受歡迎的Design House Stockholm。

角落使用自然色系的綠意，草花設在阿爾瓦‧阿魯多所設計的邊桌上。

北歐餐飾的設計，時常帶有日式餐具的婉約‧搭配木製餐盤更增添一份安穩感覺。

①

主要素材是
木頭

KEYWORD

開始佈置前
先把這些搞清楚！
北歐風格的
超基本
關鍵字

想把
房間佈置成「北歐
風格」，可是又不太瞭解
北歐設計跟細節的人，至少要
先懂得這些關鍵字。搞懂這些基
礎知識，不但可以做為搭配時
的靈感來源，和其他北歐風
格的愛好者交流意見時
就更顯專業了。

KEYWORD.01

給人簡樸、

溫暖的印象

北 歐風格主要都以質樸溫暖的木頭為基本元素進行搭配。想營造簡潔而摩登室內風格的人，建議可選用白木家具；喜歡復古風味則可選擇柚木或紫檀木等深咖啡色家具，營造出不同色調的北歐氣息。

---

⑧

北歐燈具天王
保羅・漢寧森
（Paul Henningsen）

⑨

北歐
設計王國＝
丹麥

⑩

最容易入手的
北歐家飾
IKEA

KEYWORD.08

設計出名作PH5、

PH Artichoke與PH Snowball

與 製造商Louis Poulsen結盟，催生許多燈具名作，諸如經典吊燈作品PH5、以72片羽毛般燈罩組成的PH Artichoke，以及造型宛如松果般令人印象深刻的PH Snowball，都是出自保羅・漢寧森之手。

KEYWORD.09

孕育無數

燈具與椅子名作

雖 然常被統稱為「北歐設計」，不過事實上有許多著名作品都來自於丹麥，像是生產雅珂柏森的Seven椅與天鵝椅的Fritz Hansen、製造保羅・漢寧森（Paul Henningsen）燈具的Louis Poulsen，都是丹麥廠商。

KEYWORD.10

起源於瑞典

現為世界上最大的家具連鎖商

2 006年北歐家具連鎖商IKEA正式登陸日本，備受各方注目。在IKEA，以合理的價錢就能買到各種北歐設計，想採用北歐風格裝點家居的人，千萬別忘了先去IKEA看看，感受一下北歐設計的氣圍！

④

北歐設計
四大巨匠＝

威格納(Wegner)、
雅珂柏森(Jacobsen)、
莫恩森(Mogensen)、
尤魯(Juhl)

KEYWORD.04

主要活躍於

1940～1960年代

一　提到北歐設計巨匠，便令人聯想到漢斯‧J‧威格納、阿魯涅‧雅珂柏森、包艾‧莫恩森與芬恩‧尤魯，這4人都生於二十世紀初，並在二十世紀中期創作出許多名作，許多作品直至今日依然深受世人喜愛。

③

最暢銷的椅子＝
阿魯涅‧雅珂柏森
Seven椅

KEYWORD.03

沒有多餘裝飾的機能美

獲得一致好評

阿　魯涅‧雅珂柏森的Seven椅自推出至今已賣出五百萬張，是超賣座商品。一提起北歐座椅，一定有很多人立刻就聯想起這把椅子。結合機能與美感的簡潔設計，即使稱之為「椅中極品」也不為過。

②

代表顏色為
白色

KEYWORD.02

簡潔洗練的設計

擄獲人心

木　頭的原色及白色是北歐風格的基本色彩，特別是喜歡簡潔摩登的人，可以白木或白色系家具為主，再適度點綴少許抱枕與織品，增添一些淡淡的色彩，就能打造出簡單摩登的空間。

Super-basic keyword of Scandinavian style

⑤

芬蘭建築之父＝
阿爾瓦‧阿魯多
(Alvar Aalto)

KEYWORD.05

設計了包括Paimio Sanatorium等

許多建築及家具

芬　蘭人喜愛阿爾瓦‧阿魯多的程度，甚至把其肖像印在鈔票上，其實他不只設計家具，也是現代建築大師，留給世人為Paimio Sanatorium所做的Paimio Chair與為Viipuri圖書館設計的Stool E60等許多佳作。

⑥

使用
最容易更換的
織品

KEYWORD.06

布料可修飾牆面、做成裝飾板、

或當成抱枕枕套，變化豐富

織　品是北歐風中不可欠缺的要素之一，由農民與職人長年累積孕育而成。將北歐的布料當成窗簾、修飾壁面、做成裱板裝飾，便能一改居家氛圍。只要買塊布就能進行，是享受北歐風格最便捷的方法。

⑦

環保觀念強烈的
北歐各國
大多使用
復古家具

KEYWORD.07

珍惜使用好物品

是非常普遍的想法

北　歐家具製作堅實，造型簡單卻不易讓人厭倦。在北歐，將家具從祖母傳給孫女，代代相傳下去是很普遍的事。只要一入手北歐家具、長年使用，看著家具隨時間增添風味也是一大樂趣。

Seven Chair by Arne Jacobsen

Seven椅

熱賣500萬張以上的
北歐暢銷名作

至 今熱賣超過500萬張的超
暢銷北歐名椅,除了造型
簡單、輕量之外,還可以堆疊收
納,讓它在問世超過50年的現在
仍擁有高人氣。很多人就算沒聽
過設計師雅珂柏森之名,也對這
張椅子具有非常深刻的印象。

size
W500×D520×H780mm,
SH440mm

顏色及造型
選擇非常多樣化

Seven椅的魅力之一在於
其豐富的選擇,除了多
種色彩外,也提供布面
與皮革椅面的選擇。

front   side   back

北歐風格家具名作10大精選

簡潔實用的北歐家具中,有許多大家熟知的長銷名椅,
如果你曾看過,卻不知道它的背景與名字,那這次絕不能再錯過!

The Swan
by Arne Jacobsen

天鵝椅

讓空間變得
如同天鵝羽翼般優雅

阿 魯涅‧雅珂柏森為哥本哈根
SAS Royal Hotel所設計的座
椅款式,如同其名,有著展翅天
鵝般的曲線,可營造出室內空間
的優雅氣息。坐墊材質採用當時
仍很稀有的硬質泡棉,可說是款
劃時代傑作。

size
W740×D680×H770mm,
SH400mm

孕育出天鵝椅的
SAS Royal Hotel

同時也是建築師的雅柏珂森曾參
與SAS Royal Hotel的設計,當時
他為飯店設計了天鵝椅及蛋椅,至
今606號房間
(右圖)仍維
持著剛完工時
的模樣。

front   side   back

CHAIR.03

The Egg
by Arne Jacobsen

蛋椅

**在蛋形空間內
獨享一人時光**

和　天鵝椅一樣，蛋椅也是為了SAS Royal Hotel而設計的名作。彷彿被蛋殼包覆起來的造型，即便是在喧囂的飯店大廳中，也能不受外界打擾。

size
W860×D950×H1070mm,
SH370mm

椅背能隔離周遭空間

這把蛋椅的造型獨特，只要在房內放上一把，便能立刻散發出獨特存在感。蛋形椅背設計能阻絕周圍聲音，創造出私密空間。

front

side

back

CHAIR.04

Bear Chair
by Hans J Wegner

大熊椅

**宛如熊腕般伸出的
扶手，令人印象深刻**

因　為扶手如同熊腕般的造型而得名，在威格納設計的作品當中，舒適性名列前茅的椅款之一。不只可以端坐其上，也可以橫著讓雙腳跨在扶手上。

size
W900×D950×H1010mm,
SH420mm

側坐也很舒服

側坐時可以把腳分別安置於扶手上下，身體剛好靠在另一側扶手上，也可以更換左右腳位置，將身體隨意擺放成各種舒適的姿勢。

side

CHAIR.05

Y-Chair
by Hans J Wegner

Y字椅

**椅背上的「Y」為著名標記
暢銷50年的熱門商品**

威　格納最暢銷的作品，問世超過50年仍持續熱賣。不論是組裝或座面的特殊編織作業，都是手工進行，雖然是工業製品，仍能讓人感受到溫暖。

size
W550×D520×H720mm,
SH420mm

北歐的標準餐桌椅

乍看之下雖然有點華麗，但由於做工牢靠，因此在北歐的家庭裡，時常可以看到這把Y字椅。除了左圖之外，另有2種塗裝和3種素材。

front

side

back

椅背延伸成為扶手的
有機造型

Pelican Chair by Finn Juhl
鵜鶘椅

這 把設計師芬恩・尤魯受到雕刻家強・阿爾普與艾利克・托梅森影響而創作出的作品,造型仿自鵜鶘張翅降落寬廣湖面上的情景,令人一見難忘。問世至今已經過了60年,2001年時由Hanesen & Sorensen復刻。

size
W870×D780×H720mm,
SH380mm

front

side

back

扶手也能
當成椅背

深廣的椅面坐起來很舒服,扶手設計得像是椅背一樣,能愜意在這款椅子上毫不拘束地享受各種坐法。

Stool E60
by Alvar Aalto

椅凳E60

線條優美的椅腳
只有阿魯多才設計得出來

這 把擁有L形椅腳、造型簡潔優雅的椅凳,是芬蘭巨匠阿爾瓦・阿魯多為了芬蘭Viipuri市立圖書館所設計。由三隻椅腳的Stool E60演變而來的四腳椅款,更顯安定。也可當成小桌子,擺放輕量物品。

size
φ380×H440mm

top

椅腳曲線已取得專利權

線條優美的椅腳極富阿魯多風格,這種彎曲櫸木做成的L形椅腳已取得專利。與三隻椅腳的Stool E60比起來,四隻椅腳的款式更安定。

CHAIR.08

Arm Chair 41 Paimio
by Alvar Aalto

41 Paimio扶手椅

為療養院設計的
阿魯多椅款代表作

這 款為了阿魯多建築代表作 Paimio Sanatorium所設計的椅子，將合板椅背及椅面結合成一體的圓滑曲線及櫸木扶手，擁有著動人的線條。

size
W600×D800×H640mm,
SH330mm

考量到療養院患者的體貼設計

Paimio Sanatorium是一家肺結核療養院，因此設計椅子時，比起乘坐時的舒適度，更注重能否緩和病患發作時的不適。圖為現仍保存在醫院中的椅子原型。

front　　　　side　　　　back

CHAIR.09

J39
by Borge Mogensen

J39餐椅

包艾·莫恩森簡潔的設計
深受庶民喜愛

這 件簡潔的作品，在二戰後物資缺乏的時代裡深受民眾喜愛。椅面框架左右與前後的高低差，使得編織椅面產生弧度，強化了椅面的舒適度與韌性。

size
W485×D420×H760mm,
SH445mm

平民餐椅的傑作

擁有優雅編織椅面的 J39，在強烈的存在感中帶著簡潔的線條，成為餐椅的不二選擇。材質除了圖中的山櫸木外，亦有橡木款式。

front

CHAIR.10

PK-22
by Poul Kjærholm

PK-22

受大師影響所創作出的
全新名品

與 包浩斯巨匠密斯·凡·德羅（Mies van der Rohe）的巴塞隆納椅相似的造型，便能瞭解凱亞荷魯姆所受的影響，為了超越大師而設計出這款椅子。

size
W630×D630×H710mm,
SH350mm

堅持使用在當時非常新穎的素材

在以木製家具為主流的當時，凱亞荷魯姆堅持採用藤、皮、厚織布等素材製作椅子。PK-22椅面除了竹藤外，另有皮革與厚織布等選擇。

front　　　　side　　　　back

依設計師來選擇北歐名作

只要知道設計師的背景，就會注意到從沒注意到的名作共同點。
現在就將焦點放在代表北歐風格的6位設計師身上吧！

從各式設計中找到自己的喜好
Hans J Wegner
漢斯・J・威格納

生於1914年的丹麥。自工藝學校家具科畢業後，進入阿魯涅・雅珂柏森的工作室工作。獨立後發表了許多風格鮮明的傑作，如The Chair與Y字椅等。並曾重新設計中國的明式椅與英式傳統椅等古董家具，創作出許多名作。

善用木料的舒適機能型家具
Alvar Aalto
阿爾瓦・阿魯多

曾跨足設計過許多知名的公共建築與住宅作品，並常設計能與建築搭配的家具，其中許多都成了知名作品。1898年生於芬蘭，在流行無機質的現代設計風潮中，嘗試以芬蘭木頭製造出符合人體工學的機能型座椅。

想瞭解北歐名作，就先認識這個人
Arne Jacobsen
阿魯涅・雅珂柏森

除了以家具設計師的身份廣為人知之外，同時也是位優秀的建築師，1902年生於丹麥，從建築規劃到室內設計，全部一手包辦。為世人留下了為SAS Royal Hotel所設計的天鵝椅及蛋椅等許多經典名作，是北歐設計中的代表人物。

1
Y字椅
CH-24 Y Chair

這是威格納最受歡迎的椅子，已長銷50多年，椅子名稱來自於椅背上的Y字造型。

W550×D520×H720mm,
SH420mm

1
椅凳E60
Stool E60

這是三隻腳的Stool 60變形版，它的L形的椅腳已取得專利，並且被暱稱為Aalto Leg。

φ380×H440mm

1
螞蟻椅
The Ant

俗稱「螞蟻椅」的椅款，原為藥廠員工餐廳設計。問世時只有三隻椅腳，在雅珂柏森去世後改成四隻椅腳。

W480×D480×H770mm,
SH440mm

2
大熊椅
The Teddy Bear Chair

椅子名稱來自於熊腕般的扶手造型，結構設計得能讓人愜意擺放身體，側坐時也可將腳放在扶手上頭。

W900×D950×H1010mm,
SH420mm

2
41 Paimio扶手椅
Arm Chair 41 Paimio

這是為了結核病療養院所設計的椅子，除了這張名作外，院內的所有桌椅幾乎都出自阿魯多之手。

W600×D800×H640mm,
SH330mm

2
Seven椅
Seven Chair

雅珂柏森在螞蟻椅問世3年後的1955年發表這款生涯代表作，問世至今在全世界已賣出超過500萬張。

W500×D520×H780mm,
SH440mm

3
三腳貝殼椅
CH-07 Three-Legged Shell Chair

合板製的椅背、椅座及椅腳均擁有優雅的曲線，宛如貝殼般包覆人體，這也是這款椅子的特色及命名由來。

W920×D840×H740mm,
SH370mm

3
Chair 65
Chair 65

這把簡潔又富機能性的椅子是此一系列設計的原型，經過多次嘗試後才定案。問世以來已銷售超過100萬張。

W350×D400×H660mm,
SH440mm

3
天鵝椅
The Swan

這把伴隨SAS Royal Hotel而誕生的椅款，在椅襯內塞進了泡棉，在當時來說是項劃時代之舉。

W740×D680×H770mm,
SH400mm

⊠ Arne Jacobsen　　⊠ Finn Juhl
⊠ Alvar Aalto　　　⊠ Børge Mogensen
⊠ Hans J Wegner　　⊠ Poul Kjærholm

以皮革與鐵為素材的簡潔家具
Poul Kjærholm
保羅‧凱亞荷魯姆

1929年生於丹麥，51歲英年早逝前已留下50多件家具作品。在當時以木製家具為主的時代中，獨厚皮革、鐵與藤材，其多數作品都有鋼鐵椅腳，成為其特色。捨棄多餘裝飾後的簡潔美感，擁有非常獨特的魅力。

親和力強的大眾設計
Borge Mogensen
包艾‧莫恩森

是位堅持持續為一般民眾設計優良家具的設計師。1914年生於丹麥。作品風格不但簡潔，同時也相當注重設計感與機能性。他在1947年所發表的J39椅款作品，歷經半世紀的考驗後，一直到現在依然暢銷。

想以單椅展現個性的首選
Finn Juhl
芬恩‧尤魯

活躍於各種不同領域之中。除了家具設計外，也為北歐航空公司設計過機艙內裝。1912年生於丹麥，由於未受過正統家具設計訓練，因此一開始在丹麥並未受到重視，但他設計的許多名作，在今日的市場上都享有高評價。

---

①

PK-22
PK-22

這把PK-22是深受德國大師密斯‧凡‧德羅影響之作品，也是凱亞荷魯姆的代表作。

W630×D630×H710mm,
SH350mm

①

J39
J39

這把簡潔優美的作品，在戰後物資不足的社會中深受市民喜愛。長達半個世紀以來，一直享有極高人氣。

W480×D420×H760mm,
SH445mm

①

鵜鶘椅
Pelican Chair

這款宛如鵜鶘張翅降落湖面般的椅子，復刻版要價50萬日幣（折合新台幣17萬元）以上，屬高單價家具。

W870×D720×H780mm,
SH380mm

---

②

PK-9
PK-9

以優美線條與三角鐵製椅腳為特色的作品，據說在凱亞荷魯姆家中與大理石桌子搭配使用。

W560×D600×H760mm,
SH430mm

②

西班牙椅
2226 The Spanish Chair

這椅款是莫恩森在西班牙旅行時，受到當地椅款扶手寬廣之特色所啟發的靈感，扶手上可擺放書本或杯子。

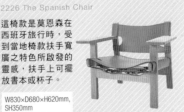

W830×D680×H620mm,
SH350mm

②

酋長椅
Chieftain Chair

圖為初期製造的78張中的其中一張，相當珍貴。剩下的其他70幾張幾乎都被收藏在世界各地的美術館中。

W1025×D910×H935mm,
SH352mm

---

③

PK-20
PK-20

這把名作使用德國發明的懸臂構造，僅以單邊支撐，並具有優秀的彈性與舒適度。

W800×D760×H890mm,
SH370mm

③

餐桌椅3237
3237 The Dining Chair

將在美國很常見、無多餘裝飾的夏克式椅子重新設計後的作品，特色為以單枚皮革所創造出的微緩椅面。

W560×D520×H800mm,
SH430mm

③

安樂椅NV45
Easy Chair NV-45

這款被譽為擁有「世上最優美扶手」的椅子作品，只有擅長有機曲線造型的芬恩才設計得出來。

W690×D780×H825mm,
SH375mm

Mid-Century Style

? What's 五〇風潮

20世紀中期1950～1960年代的華麗繽紛設計

　　接觸室內設計，就不能不提到「五〇風潮」；這意謂著20世紀中以美國為中心引發的一股家具設計風潮。二次大戰後，原本為了軍用產業而開發的技術被應用到家具設計上，實現了大量生產複雜造型的可能性。這個時期的代表人物為Eames，其作品以優雅曲線與鮮明色彩、豐富的自由性為其特點。

DATA	材質	色	形
	塑膠、合板	紅、黃等鮮豔暖色系	立體曲線

你絕對不可錯過！3大時尚風格

STYLE.2

五〇風潮

能讓普普風的愛好者
充滿元氣的空間

營造五〇風潮
空間氛圍的
搭配重點

五〇風潮的特點就是色彩豐富、時髦又充滿了歡樂感，
所以要注意別把房間裝飾得太過花俏。
掌握以下重點，搭配出成熟沉穩的五〇風潮吧！

POINT. 1

使用能振奮精神的
紅、黃等鮮艷色彩

聽到五〇風潮，立刻令人聯想起色彩鮮艷的時髦裝潢。左圖示範以紅、黃、橘等顏色統一室內的整體風格，特別值得一提的是色彩漸層的美麗沙發，以及隨性擺放在角落裡的海報。兩者都是家飾品牌的原創設計，卻非常迎合五〇年代的氛圍。這就是以色彩去統一不同年代家具的成功案例。

家飾行「My Star」的原創作品。即使不是設計師單品，善用色彩也可以統一室內風格。

喬治‧尼爾森所設計的壁鐘Sunburst Clock─艷陽四射。

海報是裝點角落空間的極佳選擇，圖為MODERNICA商店的原創商品。

MODERNICA的原創商品，以含有紅、黃色的地毯統一空間元素，並以黑色線條加強對比。

POINT. 2

別忘了五〇年代
流行的塑膠材質

除了合板外，塑膠也是五〇風潮不可或缺的重要素材之一。以著名的查爾斯和蕾依‧伊姆茲（Charles & Ray Eames）及耶羅‧沙里涅（Eero Saarinen）等設計師為主角的五〇年代，全球各地都流行以這些材料來製作家具。圖中使用塑膠燈具作示範。

擅長有機造型的丹麥設計師維諾‧潘頓（Verner Panton）之Panthella Floor Stand立燈作品。

晉級秘訣 Ⓐ

用沉穩的黑色
平衡過於花俏的空間

　　使用過多暖色調會讓空間顯得太花俏，此時可以用黑色來提高空間的成熟度。這裡使用的是查爾斯和蕾依·伊姆茲的Eames Wooden Screen。

POINT. 4

追求機能美的
近未來造型家具

最　具五〇風潮代表性的椅子，非伊姆茲作品莫屬。劃時代的加工技術「成型合板」為設計帶來了更多彈性，也成為時代象徵。合板（將薄木片以黏劑膠合）由於是夾在模型中施壓製成，所以又稱為層板。這種技術的誕生催生出許多平價、富機能性，並擁有好設計的椅子。

以成型合板製成的伊姆茲椅款代表作LCM餐椅，是Lounge Chair Metal的縮寫。

與伊姆茲同樣活躍於美國的哈利·貝魯托亞（Harry Bertoia）之名作 — 鑽石椅（Diamond Chair）。

晉級秘訣 Ⓑ

選擇植物時
以圓葉片的熱帶植物為佳

　　想以綠色植物點綴空間時，選用圓葉片的南國植物會比細長葉片來得適合。五〇風潮的大本營就在美國西海岸，因此挑選植物時不妨試著先在腦中描繪加州風貌吧。

POINT. 3

用許多小擺設點綴
豐富視覺性

在　空間裡擺放很多小東西，除了可以豐富視覺性外，也更具裝點五〇風潮的效果。這裡選用五〇年代的電話跟時鐘來表現，具有跟家具相同的有機造型，可以保有空間的一致性。

黃銅製的小物件營造出獨特的氛圍，美式設計相當適合搭配金色。

① **Mid-Century＝**
1950年代

KEYWORD.01

隨著新技術的開發

設計自由度提高，並孕育出無數名作

五〇風潮代表的是20世紀中期的1950～1960年代。二次大戰後，因應軍需發展出的成型合板與FRP（玻璃纖維）等被應用在日常生活中，使得世界各地紛紛誕生出設計自由度更高的家具名品。

開始佈置前
先把這些搞清楚！
五〇風潮的
超基本
關鍵字

KEYWORD

知道「五〇風潮」，但又不太瞭解其內涵的人看過來！本書將最基本的關鍵字整理出來。只要徹底掌握這些基礎知識，選購家具時就能更得心應手。你也可以很有自信地佈置出自己喜歡的空間風格！

---

⑧ **一定要會善用**
小裝飾品
繽紛點綴

KEYWORD.08

用許多色彩鮮艷與帶有未來風味的

小東西裝飾

房 間裡的小裝飾是五〇風潮中不可或缺的重要配角，只要擺上色彩鮮艷、帶有五〇年代那種造型極具未來感的小物，空間裡的味道就對了。重點是要同時擺放多件，看起來熱熱鬧鬧的才行。

⑨ **使木椅形狀**
產生革命性變化的
合板
（Plywood）

KEYWORD.09

藉由成型合板技術的進步

大量生產造型繁複的椅子

又 稱「成型合板」，是將薄木片膠合過後，夾在模型中施壓成型的板材。著名的伊姆茲夫婦在戰時以合板為負傷官兵製造了15萬支腳架，而這也成為兩人戰後活躍於家具設計領域的契機。

⑩ **對世界產生了**
巨大影響的
包浩斯
（Bauhaus）

KEYWORD.10

與五〇風潮設計息息相關的

德國設計學院

包 浩斯設計學院是追求機能美的現代設計先驅，1919年時在德國創立，1932年遭納粹廢校，校長密斯・凡・德羅（Mies van der Rohe）等人遠渡美國後，催生出了引領時代先驅的五〇風潮。

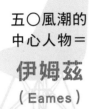

④

五〇風潮的中心人物＝
伊姆茲
（Eames）

KEYWORD.04

為市井小民設計出

許多優秀的家具

現在無人不知的Eames指的就是查爾斯和蕾依‧伊姆茲（Charles Eames & Ray Eames）夫婦，兩人基於「讓人人都能以平價享受好設計」的理念，設計出許多可大量生產的優良椅款。

③

不可或缺的
塑膠材質

KEYWORD.03

讓椅子形體

更加自由獨特

發展出FRP材質的五〇年代，以塑膠材質獨特流線美感的椅子為中心，在全世界引爆出塑料家具的大流行。想在房間裡成功營造五〇風潮的普普風，可考慮使用塑膠材質的椅子、燈具、櫥櫃或時鐘！

②

最具代表性的顏色是
能振奮精神的
紅、黃

KEYWORD.02

令人喜愛

時髦繽紛的明亮風格

五〇年代的許多名作都採用原色設計，因此佈置時，記得以紅、黃等明亮顏色為重心，醞釀出繽紛熱鬧的氛圍。但過多明亮的暖色系會使得空間太過花俏，可適度用沉穩的黑色加以點綴，提升空間的內斂感。

Super-basic keyword of Mid-Century Style

⑤

造型上的特點
就是複雜的
曲線

KEYWORD.05

藉由合板與FPR等技術的進步

實現了大量生產繁複造型的可能性

有許多形容詞都被用在五〇風潮的作品上，諸如「立體曲面」、「有機」、「宇宙化」、「未來感」等等，指的是作品整體的圓滑曲線及繁複造型，其中又分順從機能而生的造型，與帶著玩心而設計出的造型兩種。

⑥

北歐出身的
設計師
維諾‧潘頓
（Verner Panton）

KEYWORD.06

設計出許多代表

五〇風潮的椅子與燈具

美國之外也有許多作品很有五〇風格的設計師，如丹麥的維諾‧潘頓，芬蘭的耶羅‧阿尼奧（Eero Aarnio）、義大利的威高‧馬吉斯蒂（Vico Magistretti）、法國的皮耶‧波林（Pierre Paulin）等人。

⑦

發源地在
美國

KEYWORD.07

伊姆茲、喬治‧尼爾森

耶羅‧沙里涅等人都很活躍

在室內設計界裡提起「五〇風潮」這字眼時，指的大多是以美國為主的文化風潮。美國結束了1930年代起的經濟大蕭條與二次大戰，進入1950年代後，人民的生活越趨富足，而此時伊姆茲與沙里涅等人也非常活躍。

Ball Chair
by Eero Aarnio
球椅

隱於球體中的
私密空間

這 這款宛如太空船般,極具未來感的沙發椅是耶羅.阿尼奧的作品在球體內緣包覆了布製靠墊,坐下去後全身彷彿被球體包裹住一般,非常舒服。外殼能阻絕外界聲音,讓你沉浸在私人世界裡。

size
W1100×D980×H1200mm,
SH430mm

五〇風潮家具名作
10大精選

20世紀中期,出現了許多光擺在屋內就能讓人心情愉悅的明亮作品。
接下來介紹的都是風格獨具的經典名作。

Marshmallow by George Nelson
棉花糖椅

side   back

超越時代的
流行設計

鮮 艷的色彩與聚集在一塊的圓墊,饒富現代藝術的趣味,其中散發出來的俏皮感,喬治.尼爾森這款棉花糖椅同時也是20世紀中期的美式精神象徵。雖曾因為造價昂貴而停產,但如今已重新復刻。

size
W1321×D737×H788mm,
SH407mm

CHAIR.03

La Chaise
by Eames

躺椅

宛如乘坐在
一朵雲彩之上

造　型宛如雲彩般，可讓單人獨躺或兩人併坐。細長的鋼管支撐著雲彩般的薄殼，創造出獨特的漂浮感。為查爾斯和蕾依・伊姆茲的椅子代表作。

size
W1500×D825×H850mm,
SH370mm

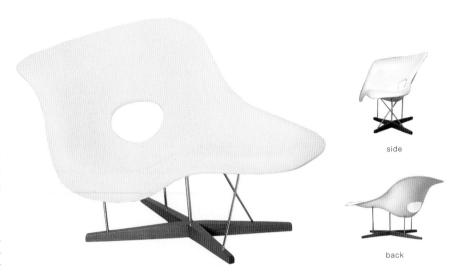

side

back

CHAIR.04

Side Chair NO.151
by Eero Saarinen

邊椅NO.151

美如花朵的
優雅造型

耶　羅・沙里涅這把優雅如花的椅子，別名「鬱金香椅」。設計者在創作時，希望能減少桌面下的椅腳數量，於是設計出單腳的座椅。另有扶手版本。

size
W490×D560×H810mm,
SH460mm

front　　　side

back

CHAIR.05

Eames Loung Chair &
Ottoman by Eames

附腳凳躺椅

卓越的舒適度
推出至今持續廣受喜愛

將　膠合過後的薄木片利用模型施壓成形的「成型合板」，在20世紀中期被廣泛使用。這款伊姆茲躺椅在合板上嵌入了彈性極佳的椅墊，亦可加選椅凳。

size
W845×D845×H835mm,
SH380mm（椅子）

front　　　　　side　　　　　back

front

side

back

CHAIR.06

Side Shell Chair
DSR
by Eames

貝殼邊椅DSR

可輕鬆入手的
平價優良設計

這 是五〇風潮的代表設計師伊姆茲實現自己的理想，將造型自由、輕巧且平價的椅子量產化之作，也是扶手椅的變化款。名稱中的「邊椅」，指的就是沒有扶手的椅子。

size
W500×D520×H780mm,
SH440mm

CHAIR.07

Panton Chair
by Verner Panton

潘頓椅

讓人過目難忘的
獨特造型

這 款問世於1960年的作品，是世上第一把一體成型的椅子。它的誕生，也實現了設計師維諾・潘頓的夢想。獨特處就在於那流暢優雅的線條，此外也兼具可層層疊放收納的機能性。

size
W490×D580×H840mm,
SH420mm

front

side

back

CHAIR.08

Corona Easy Chair
by Poul Volther

日冕椅

個性強烈的
傑出設計

保 羅·波魯特之作品。據說創
意來源是日蝕時所拍攝的連
續照片，將橢圓形的太陽串聯在
一起的獨特設計。巧妙組合了舒
適軟墊與鋼管兩種不同材料、造
型別緻又充滿優雅風情。

size
W970×D820×H970mm,
SH430mm

front　　side

back

CHAIR.09

Mezzadro
by Achille & Pier Giacomo Castiglioni

佃農椅

造型簡單
坐起來意外地舒服

阿 奇雷與皮耶·恰克莫·卡
斯丁紐羅（Achille&Pier
Giacomo Castiglioni）以農耕機
的駕駛座為靈感來源的創作。乍
看之下坐起來不太舒服，實際上
是服貼臀部的細心設計。

size
W490×D510×H510mm

side　　back

CHAIR.10

Diamond Chair
by Harry Bertoia

鑽石椅

曲線柔緩的網殼
非常優美

將 一根根的鋼管折彎、熔接組
合而成不規則的大四角形椅
面，網目結構呈菱形，就如同流
動金屬般，為哈利·貝魯托亞之
作。椅身不重便於戶外使用。

size
W835×D720×H775mm,
SH400mm

front　　side

back

依設計師來選擇五〇風潮名作

20世紀中期時，以Eames為首誕生出許多設計名家。
這是個設計師在不斷實驗多變想法的過程中，奠定個人風格的時代。

存在感濃厚的嶄新設計
George Nelson
喬治・尼爾森

多才多藝，不但是室內設計師，同時擔任建築雜誌總編，以家具商哈曼・米勒的設計總監身份發掘伊姆茲等人。1908年生於美國，設計出許多椅子與時鐘名作，空間中只要放上一張他的時鐘作品，便能令滿室生輝。

既時尚又優雅
Eero Saarinen
耶羅・沙里涅

作品特色在於優雅的椅腳設計，其中代表作「鬱金香椅」就是以簡單的單腳設計呈現出完美的平衡感。1910年生於芬蘭，13歲全家移居美國，除了與伊姆茲夫婦是好朋友之外，本身也是五〇風潮的代表設計師之一。

推動五〇風潮的夫妻檔
Charles & Ray Eames
查爾斯和蕾依・伊姆茲

查爾斯生於1907年，蕾依生於1912年，兩人皆為美國人。1941年時結婚後共同發表許多作品，其中以利用合板與塑膠特性，表現出複雜流暢曲線的椅子居多，以「使人人都能以平價享受好設計」為創作時的主要概念。

1
棉花糖椅
Marshmallow

喬治・尼爾森最著名的椅款作品，有不同花色可選，由於造價昂貴，曾經停止生產。

W1321×D737×H788mm,
SH407mm

2
椰子椅
Coconut Chair

外觀宛如被切開的椰子殼般，不但造型新穎，坐在上頭時的包覆感也令人身心放鬆。

W860×D950×H1070mm,
SH370mm

3
尼爾森月台長椅
Nelson Platform Bench

這把簡潔富機能性的時髦長椅可放在室內，當成長椅、桌子使用，或在上頭擺放物品。

W1220×D470×
H357mm

1
邊椅NO.151
Side Chair NO.151

這款被通稱為「鬱金香椅」的椅子，擁有花瓣般的優美造型，採用當時最新技術製作，是沙里涅的代表作。

W490×D560×H810mm,
SH460mm

2
扶手椅NO.150
Arm Chair NO.150

為上圖邊椅的扶手版，將椅背延伸至側邊，就形成了優雅的扶手椅造型。

W670×D590×H815mm,
SH460mm

3
邊椅
Side Chair

以鬱金香椅成名的沙里涅也製作合板椅子，並曾參與過伊姆茲夫婦的共同設計。

W550×D520×H815mm,
SH455mm

1
貝殼邊椅DSR
Side Shell Chair DSR

此為伊姆茲代表作殼型扶手椅（Arm Shell Chair）的變化版，是世上知名度最高的名椅作品之一。

W560×D550×H800mm,
SH450mm

2
躺椅
La Chaise

這把椅子在設計後並沒有對外銷售，經過40年之後，終於由德國家具商Vitra於1991年將其商品化。

W1500×D825×H870mm,
SH370mm

3
附腳凳躺椅
Eames Lounge Chair & Ottoman

這把在成型合板中置入軟墊的座椅擁有許多擁戴者，並被展示在世界各地的許多美術館中。

W845×D845×H835mm,
SH380mm（椅子）

⊠ Charles & Ray Eames ⊠ Verner Panton
⊠ Eero Saarinen ⊠ Eero Aarnio
⊠ George Nelson ⊠ Harry Bertoia

雕塑出可坐的金屬網線藝術
Harry Bertoia
哈利‧貝魯托亞

作品「鑽石椅」的名氣甚至比設計師本人的名字還響亮。1915年生於義大利，1930年移民美國，曾與伊姆茲合作，但最後絕交收場。由於自認擁有雕塑方面的才華，之後多以雕塑家身份活動。

宛如藝術品般的椅子
Eero Aarnio
耶羅‧阿尼奧

生於1932年的芬蘭，目前仍活躍於設計界。在美國發跡，以球椅及錠片椅贏得廣大人氣。由於作品的造型獨特且色彩極具流行性，因此常被歸類為五〇風潮，而較少被當成北歐派。

從實驗中誕生的名作
Verner Panton
維納‧潘頓

對新的時代潮流敏感且富包容性的潘頓。1926年生於丹麥，之後移居瑞士並常參與各國設計活動，經常嘗試各種不同的材料與造型，並留下了許多富有獨創力的精彩佳作。

---

①

鑽石椅
Diamond Chair

這款哈利‧貝魯托亞的超著名代表作，時常被拿來與伊姆茲的網椅「DKR」相比，但相較於DKR的網目成正方形格狀分布，此作品的菱形網格大小不一、整體呈現流線散布。亦有其他顏色的網線與坐墊可作選擇。

W835×D720×H775mm,
SH400mm

②

邊椅
Side Chair

這把沒有扶手的網椅，是經過淬鍊後誕生的經典作品，被譽為「可坐的雕刻」。

W530×D540×H765mm,
SH410mm

---

①

球椅
Globe

這把將作者推向名家行列的代表作，不但讓人驚奇，也會挑動旁觀者試著坐看看的念頭，極富魅力。

W1100×D980×H1200mm,
SH430mm

②

番茄椅
Tomato Chair

番茄般的鮮艷顏色與巨大的造型，令人無法不被它吸引，是件宛如藝術品般的椅款作品。

W1200×900×650mm,
SH300mm

③

錠片椅
Pastille/Gyro

「Pastille」指的是口含錠的意思，有著與番茄椅相似的新穎外觀與亮麗的色彩，非常有耶羅‧阿尼奧風格。

W850×D850×H600mm

---

①

潘頓椅
Panton Chair

這款與設計師同名之代表作，具有明亮色彩與塑料特有的流線美感，極具五〇風潮特性。

W490×D580×H840mm,
SH420mm

②

心形圓錐椅
Heart Cone Chair

這款劃時代的作品僅以單點支撐，可看出創作者在設計上的靈活創意與勇於嘗試的態度。

W840×D738×H786mm,
SH420mm

③

腳凳與椅子系列
Stool & Chair Series

材質上使用伸縮性織布創造出柔軟的舒適度，此系列尚有腳凳與高背椅可選擇。

W590×D900×H690mm,
SH365mm

你絕對不可錯過！3大時尚風格

STYLE.3

和式摩登

適合喜愛和風
並想營造現代感的人

STYLE.3

Japanese-Modern
Style

? What's 和式摩登

在日式空間中
加入西洋的摩登感

　　日本於1945年在二次大戰中戰敗後，便從坐在榻榻米上的「和式」生活改為椅子上的「西式」生活。戰敗後，美國文化迅速影響日本的生活方式及住宅樣式。在這種時代背景下，建築家與設計師利用僅有的材料及技術，嘗試椅子創作。經過一番苦心，發展出了融合西洋與日本精神的「和式摩登」。

DATA	材質	色	形
	以紙為主	灰階色彩加上深藍或灰	基本上為直線組合

營造和式摩登空間氛圍的搭配重點

和式摩登保留和風之長、佐以西方優點，
即使沒有和室或榻榻米，只要善加組合家具、裝飾品，
便能搭配出充滿「和趣」的空間。

! POINT. 1

以 直線 設計為基礎
加入柔緩的線條，添加平和餘韻

和式摩登的要點是大量採用排除多餘裝飾的直線設計。圖中的低座椅子不管是擺放在日式或西洋空間中都很適合，其中椅腳的直線設計，其實是非常典型的日本空間元素。在剛硬線條的家具與燈具中，加入和緩的線條，便能為空間帶來平和的況味。

坂倉準三建築研究所／長大作設計之低座椅子。發表於1960年，至今仍是熱門長銷商品。

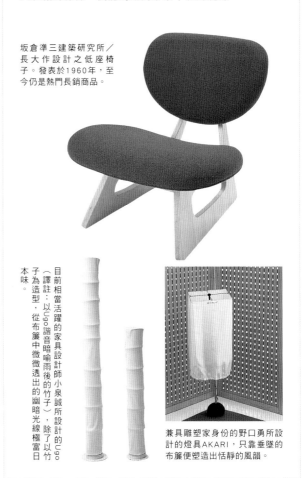

目前相當活躍的家具設計師小泉誠所設計的Ugo。（譯註：以Ugo諧音暗喻雨後的竹子），除了以竹子為造型，從布簾中微微透出的幽暗光線極富日本味。

兼具雕塑家身份的野口勇所設計的燈具AKARI，只靠垂墜的布簾便塑造出恬靜的風韻。

! POINT. 2

和紙 是營造和式摩登風格時
不可或缺的材質

和紙是演繹日本風時不可或缺的元素，早在人們還在使用燈籠與油燈時，和紙就已經是日本傳統風格的一部份。想在空間中製造和風特有的氛圍，不妨多採用一些紙製燈具吧！

圖中家具因採對稱擺放，產生些微的緊張感。此時添上一盞野口勇的吊燈，以象徵意味濃厚的圓形垂墜設計，裝點出和風韻味。

POINT. 4

配合榻榻米上的和式生活
使用的家具盡可能採取低矮設計

跟　西方坐在椅子上的生活習慣比起來，和風空間坐在地上時所看見的視野較低。為了不造成壓迫感，桌櫃均採低矮設計。選購時請注意檯面高度，以及是否適合搭配低矮沙發。

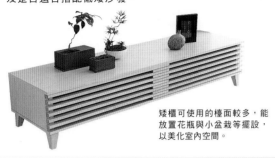

矮櫃可使用的檯面較多，能放置花瓶與小盆栽等擺設，以美化室內空間。

POINT. 5

西式房間裡就是要有這個！
和風必備「榻榻米」

榻　榻米是和風空間最具代表性的象徵，只要選用這種拼合式榻榻米，在西式空間中也能輕鬆享有和風的榻榻米生活。這種拼合式榻榻米打破了「榻榻米＝綠色」的既定觀念，也有深灰色可以選擇。

圖中使用850×850mm的拼合式榻榻米，只要四片便足夠創造出兩人使用的空間。

POINT. 3

以灰階為基本色調
搭配藍、灰、深紅或綠色

原　色系絕不是和風的顏色，陳設空間時，重點是要以黑、白、灰階來統一整體感，再綴以藍、灰等中性色彩妝點出摩登味，也可視情況使用深紅或綠色。

相信很多人都有看過柳宗理這款蝴蝶椅！

晉級秘訣 B

圖中的直線與橫線
是重點所在

畫中如果有縱橫線條，就能製造出和風感。簡單來說，橫線有如和室的格柵，而直線則令人聯想起掛幅。橫擺時記得要置於比自己身高低一點的位置。

晉級秘訣 A

善用日式單品
讓空間更有味道

在現代感的室內，放上傳統味濃厚的物件，便能同時彰顯出雙方的存在感。桌上的火盆上擺上鐵壺後，就能散發出比實用性更耀眼的意境。

1

和式摩登＝
日洋融合

KEYWORD

開始佈置前
先把這些搞清楚！
和式摩登的
超基本
關鍵字

關於
最近流行的「和式
摩登」，其實並沒有固定
的定義，只是在日本空間中加
進西洋元素，或在洋室中添加和
風，使空間顯得摩登，就可算
是「和式摩登」。以下就來
看看裝點出和式摩登空
間的秘訣！

KEYWORD.01
美式文化流入日本後
混合而成的獨特風格

雖 說是「和式摩登」，但並沒有固定形式。戰後西洋的長處被一一引進於日本文化中，直到最近幾年引起反動，大家重新重視起日本文化的優點。在這股風潮下所孕育出來的和洋融合，便是日式摩登。

8

代表設計師為
柳宗理
(Sori Yanagi)

KEYWORD.08
創作出時髦
又兼具日本味的設計

在 和式摩登的房間裡，擺放柳宗理的作品再適合不過了。他創作出許多完美融合洗練現代感與溫厚和風的佳作。除了名作－蝴蝶椅與象腳凳之外，也有陶器、餐具及廚房用品等日用品佳作。

9

整體配置
高度偏低

KEYWORD.09
配合坐在榻榻米上的生活
採用低矮線條

脫 鞋、踏上矮階後進入室內、坐在榻榻米上，這就是日本生活。因此跟習慣坐在椅上的西洋生活相比，視線自然比較低矮。傢具配置高度偏低，選用低矮的櫃子沙發、牆上圖畫也擺得低一點，就能營造出和式風情。

10

日本首屈一指的
家具製造商
天童木工

KEYWORD.10
蝴蝶椅與低座椅子
都是在這裡製造

這 家日本知名的現代家具製造商，1940年成立於山形縣天童市內，以製作成型合板家具聞名。代表作有柳宗理的蝴蝶椅與長大作最為人知的的低座椅子。高超的製作技術讓這些家具作品躋身世界級名作之列。

4

最常使用的
素材

木

KEYWORD.04

極易融入生活中、

不可或缺的重要素材

木　材是日本家中不可或缺的材料，由於日本森林面積廣大，因此與木頭的淵源極深，即使說「日本是木頭的國度」也不為過。日本的名椅幾乎全以木頭為主要材料，所以請善用木製的格子、櫥櫃與桌椅吧！

3

基本色調為

灰階

KEYWORD.03

再以藍、灰、深紅或綠色點綴

製造出現代感

灰　階是和風的主要色彩，搭配時的秘訣是以內斂的黑白來統一整體感，再以藍、灰等中間色帶出摩登味道，依實際搭配狀況也可使用深紅或深綠。不過要注意原色系在和風空間中很容易顯得突兀，最好避免。

2

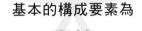

基本的構成要素為

直線

KEYWORD.02

拘謹的設計

最能表現出和風

和　風的特徵就是去除多餘修飾，以極簡的線條和色調設計出閒逸沉靜的氛圍。搭配時，基本上要選用宛如格狀的直線條組合。但過多直線會令人窒息，因此要重點式地加入曲線柔緩的單品來緩和整體感。

Super-basic keyword of Modern-Japanese style

5

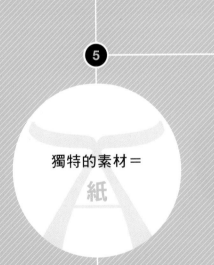

獨特的素材＝

紙

KEYWORD.05

在其他文化中看不見的

日本獨特素材

日　本文化中有許多紙製品，如紙門、紙障、燈具等，在其他國家室內中幾乎看不到，可以說是日本的獨特文化。在空間中擺放紙製物件，便能醞釀出和風來。順帶一提，最不適合與和風搭配的素材就是皮革。

6

和洋融合的
代表人物之一
野口勇
（Isamu Noguchi）

KEYWORD.06

出生於美國，發現日本文化之美的

日裔美籍設計師

野　口勇的父親為日本人、母親為美國人，時常往返美日間。在遇見傳統的岐阜燈籠之後，他創作出使用和紙與竹子的AKARI系列，共有200多種設計。結合日洋於一身的野口勇作品，絕對不容錯過。

7

不可或缺的
和風元素
榻榻米

KEYWORD.07

除了和室外

洋室也可使用和式榻榻米

一　說起日式空間，就會讓人聯想起榻榻米。對坐在地上生活的人來說不可或缺。近來家裡有和室的人越來越少，但洋室也能用「拼合式榻榻米」，只要擺上幾片，即使是洋房也能享受榻榻米上的生活樂趣。

`CHAIR.01`

Lounge Chair
by Isamu Kenmochi

休閒椅

令人感受到
日本手工藝之美

這款劍持勇於1960年為Hotel New Japan會客廳所設計的椅子，造型非常適合那聚集了來自世界各地人士的場所，明確表現出日本風格。也是第一件被紐約現代美術館（MoMA）選為永久收藏的日本家具。

size
W900×D855×H725mm,
SH380mm

藤編結構引人入勝

這件藤編結構所擁有的溫婉曲線非常有吸引力，將坐墊拿掉後，可以看見呈同心圓狀放射的優美編織。

side

back

和式摩登家具名作10大精選

最適合和式摩登風格的果然還是選擇日本作品！
以下就為大家介紹在日本海內外皆深受喜愛的10款日本名椅！

`CHAIR.02`

The Teiza Chair
by Daisaku Cho

低座椅子

榻榻米上的
優雅存在

這把椅子是建築師長大作任職於坂倉準三建築研究所時，為了讓在榻榻米上也能輕鬆坐著而設計的作品。為參加米蘭三年展而修飾後，於隔年1961年商品化，至今已超過40年，一直是長銷商品。

size
W550×D665×H650mm,
SH290mm

**高度讓人在榻榻米上
也能坐得輕鬆**

在事務所為上一代歌舞伎松本幸四郎設計房子時，受委託「請做一把在榻榻米上也能輕鬆坐著的椅子」而設計出的作品。

front　　　side　　　back

CHAIR.03

Elephant Stool
by Sori Yanagi

象腳凳

象腳造型在今天
仍是相當新穎的設計

這 把三腳凳的獨特造型，擺放在室內很容易受人注目。不褪流行的設計，更使其長年受到歡迎。為柳宗理之作，曾參加1960年的第12屆米蘭三年展。

size
W470×SH368mm

stacking

拱形椅腳
展現機能美

拱形的腳部設計除了具有良好的承重性外，也別具延伸性的美感。

CHAIR.04

Dining Chair
by Daisaku Cho

餐桌椅

與低座椅子相似的
摩登造型

這 把餐桌椅的椅背與椅面，與「低座椅子」十分相似。並與低座椅子一樣，是長大作在坂倉準三建築研究所時設計，揉合和風與現代感的傑作。

size
W420×D510×H800mm,
SH395mm

front　　side　　back

造型靈感來自柿子的果實

這件充滿長大作獨創風格的作品，靈感其實是來自於柿子的果實。

CHAIR.05

RIKI Carton Stool
by Riki Watanabe

RIKI紙凳

使用紙板製做的
趣味紙凳

明 亮顏色跟六角柱的簡單造型，為渡邊力之作。雖然使用紙板製作，但只要將4把併在一起，就能擁有支撐一頭大象的承重力。非常適合用來送禮。

size
φ330×H330,420mm

4把椅子就能承載一隻大象⁉

剛推出時，因為將4把同款椅子併在一起，就能承受大象重量的承重力而引起話題。紙板材質非常便於攜帶。

Butterfly Stool by Sori Yanagi

蝴蝶椅

流暢的
極簡美感

這 把擁有展翅蝴蝶般優雅造型的小凳,由兩枚合板組成,是柳宗理利用將薄木膠合壓縮後的「成型合板」,完成的複雜曲線設計。坐在上頭很舒服,還可選用專用坐墊。

size
W420×D310×H387mm,
SH340mm

front   side

以簡單材料所創作出的
洗練美感

各部位零件都非常簡單,但結合在一起卻創造出美感、強度兼具的椅子,令人相當驚艷。

Spoke Chair
by Kappei Toyoguchi

輻射細棒椅

交叉雙腿
輕鬆地靠在椅背上也很舒適

椅 背上並列了粗細相同、呈輻射狀排列的圓型細桿,造型如豎琴。高度極低,乘坐時可以輕鬆地盤起雙腿、放鬆靠在椅背上。這是一把不模仿外國設計,充滿日式獨創氣概的椅子,為豐口克平之作。

size
W810×D680×H830mm,
SH340mm

令人印象深刻的13支細桿

椅面後的13支輻射狀細桿美感別具,還擁有一個大於椅面的坐墊。

front   side   back

CHAIR.08

Torii Stool
by Riki Watanabe
鳥居椅凳

日本的藤編
椅凳傑作

這 把渡邊力於1956年所設計的椅凳，採用易於彎曲的藤材製作，線條優美的椅腳以藤條構成，是款讓人重新重視起日本藤製家具的傑作。

size
W480×D350×H460mm,
SH430mm

柔和優美的椅腳

採用易於彎曲的藤材，最初的版本因乘坐後椅腳會往外伸張，椅腳經過改良之後，成為今天的造型。

front   side

CHAIR.09

Stacking Stool
by Isamu Kenmochi
疊椅

層層堆疊
好看又省空間

自 1955年問世後，至今40多年一直都是長銷商品，已生產一百多萬張，是劍持勇的作品。設計簡潔又富機能性，木頭顏色與坐墊種類也有多種可選。

size
W400×D360mm,
SH440mm

容易並排疊放的設計

這張椅子可以一直往上疊，非常省空間，不論並排或疊放都很方便。

front   stacking

CHAIR.10

TOYOSAN's Chair
by Kappei Toyoguchi
豐先生的椅子

給人沉穩印象的
低座椅子

這 把能讓男性蹺腿坐著的椅子為豐口克平之作，於1960年正式商品化，成為秋田縣政府的待客椅。椅腳設計得較寬粗，以避免損傷榻榻米等材質的地板。

size
W580×D605×H730mm,
SH360mm

讓男性能舒服地盤起雙腿

為了能讓男性能交叉雙腿輕鬆坐著，而將椅面設計得較低，具有沉穩的魅力。

front   side   back

依設計師來選擇和式摩登名作

純正日本風味的設計，還是只有日本人才設計得出來。
以下這6位設計大師的名作，就能跟和式摩登的空間搭配得天衣無縫。

簡潔中的耀眼性格
長大作
Daisaku Cho

出生於1921年，是位建築師出身的家具設計師。1947年任職坂倉準三建築研究所負責室內設計，名作「低座椅子」便是當時的作品。獨立創業後投入了建築世界，1993年重回家具設計領域，至今仍相當活躍。

1 低座椅子
The Teiza Chair

這把在坂倉準三建築研究所時的作品，基於熟知日本人習於榻榻米生活的「低座」文化而誕生。

W550×D665×H650mm,
SH290mm

2 餐桌椅
Dining Chair

這把椅子比低座椅子還早誕生。自1953年後曾數度更改設計，椅面並曾被改為皮革與布墊版本。

W420×D510×H800mm,
SH395mm

3 葉椅
Leaf Chair

將白蠟樹的木紋當成葉脈，做成了椅背，在尺寸與裁切上都費了一番工夫的木製椅款。

W440×D580×H860mm,
SH420mm

富於獨創力的設計
渡邊力
Riki Watanabe

出生於1911年，1949年時成立渡邊力設計事務所，曾創作出RIKI凳與鳥居椅等多項知名的家具產品，許多作品並在國際上享有極高評價。曾參與王子飯店與SEIKO時鐘的設計，是日本極具代表性的設計師之一。

1 鳥居椅
Torii Stool

正如其名，以鳥居為創作靈感。全椅以藤材編製，沒有使用到任何五金零件。1957年獲頒米蘭三年展金獎。

W480×D350×H460mm,
SH430mm

2 RIKI凳
RIKI Carton Stool

這把組合式椅凳使用回收紙板製作，將4把併在一起後，便足以承受一隻大象的重量。

φ330×H330, 420mm

3 RIKI溫莎椅
RIKI Windsor Chair

將英國傳統溫莎椅改良成適合日本人體型的版本。另有無扶手版本。

W640×D570×H895mm,
SH410mm

摩登設計在海外也極受歡迎
柳宗理
Sori Yanagi

父親是民藝創作家柳宗悅，出生於1915年。1952年成立了柳設計研究會後，充分發揮才能，參與家具、餐具、汽車、高速公路等不同領域的創作。包含著名的蝴蝶椅在內，作品不只在日本受到喜愛，在海外也極受歡迎。

1 蝴蝶椅
Butterfly Stool

這把椅子可說是柳設計研究會的象徵，在世界各地享有極高評價，並獲紐約現代美術館選為永久館藏。

W420×D310×H387mm,
SH340mm

2 象腳凳
Elephant Stool

超越時代的設計至今仍相當受歡迎，2001年與設計50周年的2004年，曾推出不同材質的紀念復刻版。

W470×SH368mm

3 殼型椅
Shell Chair

這款椅子藉由一體成型的技術，創造出簡潔線條。椅背腰部的挑空設計是柳宗理著名的招牌手法。

W444×D495×H714mm,
SH428mm

- ☒ Sori Yanagi
- ☒ Riki Watanabe
- ☒ Daisaku Cho
- ☒ Kappei Toyoguchi
- ☒ Isamu Kenmochi
- ☒ Katsuo Matsumura

追求平價美好的設計

松村勝男
Katsuo Matsumura

出 生於1923年，以一貫的態度，追求美好而平價的設計。其作品「扶手椅T-5111」以令人驚異的極少組件，實現了低價家具的夢想。曾將為降低造價而捨去一切累贅修飾的設計圖，直接去工廠說服廠商生產。

融合日本傳統與設計技巧

劍持勇
Isamu Kenmochi

出 生於1902年，1932年進入商工省工藝指導所，拜師Bruno Taut學習椅子設計，與伊姆茲夫婦有所來往。其代表作休閒椅獲選為紐約現代美術館之永久館藏。而養樂多的第一代塑膠瓶也是出自他的手筆。

和式摩登的先驅

豐口克平
Kappei Toyoguchi

堅 持「設計出給日本人使用的椅子」，宣揚家具設計應吻合日本人脫鞋踩上榻榻米的獨特生活習慣，而不是一昧追隨西洋風格，也因為他的這項理念，而設計了低座椅子。1905年生，是日本家具設計的前鋒。

---

❶ 扶手椅T-5111
Arm Chair T-5111

運用最低限度的組件與製程，在簡潔的造型中追求美感與舒適度。從兩色的木框搭配，可見其對細節的追求。

W639×D705×H715mm,
SH390mm

❶ 休閒椅
Lounge Chair

這張為了飯店會客廳所設計的椅子，1964年成為日本設計師首次被紐約現代美術館收為永久館藏的作品。

W900×D855×H725mm,
SH380mm

❶ 輻射細棒椅
Spoke Chair

以「盤起雙腿也可安心乘坐的椅子」而出名，椅面相當低矮，能同時容納2個人的寬廣椅面為其特色。

W810×D680×H830mm,
SH340mm

---

❷ 餐廳椅子
Dining Chair T-0635S

這把長銷作品凝聚了創作者追求低價生產的理念，問世後不到4年，便已銷售1萬張之多。

W400×D500×H750mm,
SH420mm

❷ 疊椅
Stacking Stool

這件長銷作品在1990年已生產超過100萬張之多。特意設計成易於並排與堆疊的造型。

W400×D360mm,
SH440mm

❷ 豐先生的椅子
TOYOSAN's Chair

男性則可以輕鬆盤起雙腿。椅面弧度極為舒適，據說是設計師研究自己留在雪地上的臀部痕跡而產生的設計。

W580×D605×H730mm,
SH360mm

---

❸ KASARI椅
KASARI chair

這把曲線明顯的餐桌椅，採用北歐常用的柚木，結合了極富創作者獨特風格的直線設計與曲木技術。

W520×D570×
H1050mm, H420mm

❸ 柏戶椅
KASIWADO Chair

為熱海花園飯店所設計的座椅，將杉木「根幹」的部份裁成塊狀，並堆疊雕塑成份量感十足的大廳座椅。

W850×D770×H630mm,
SH330mm

❸ 餐廳用高背椅
High Back Dining Chair

細心研究過英國溫莎椅後創作出的作品，曾一度停產，但於1975年重新設計後再度上市。

W535×D555×H980mm,
SH390mm

king Room.

網羅多家
室內家具店與
國外空間
陳設案例

的房間

看過來！
混搭跟配置時的秘訣

什麼是**混搭**與**配置**的秘訣呢？
← 答案請翻到下一頁

由實例中學習如何搭配擁有
個人風格

了解北歐風格、五〇風潮及和式摩登的基本背景後，
接著就進入了佈置房間時最重要的課題：如何將各種元素擺放到自己房間內。
這時候最重要的便是使出生活中能派上用場的小絕招囉！
現在就從各種實例裡，找出能用在自己房內的擺設技巧吧！

CASE 01

利用歐洲的小裝飾品
讓簡潔的北歐風格
更顯個人品味

圖＝大社優子
攝影協力＝LIGHT BOX STUDIO AOYAMA

給 初學者一句建

言：「剛開始
就已經完成基本擺
設。至於天花板上的
吊燈跟桌椅統一採用
北歐風格的單品，
材質都是白色系的鋁
片、玻璃及櫸木等，
接著在角落擺上小巧
的紅色或造型別緻的
黑白色單品，增加空
間的豐富性，營造出
簡潔又不失特色的視
間增加豐富的個性。

覺效果。到此差不多
不要用超過3個顏
色！」首先，以黑白
統一面積較大的床、
沙發與桌子等家具，
並以白色為主色調。
在空間中才不會顯得
突兀。最後加上來自
法國或德國的小裝飾
品，就能為簡潔的空

混搭秘技1↑

故意製造不平衡的衝突感

這種故意讓空間呈現衝突美感的手
法，很適合童心未泯的大男孩。燈具
採用目前居住在日本的法國設計師
Ante Vojnotic的作品5b-e，可以將
燈泡全部掛在牆上或是垂吊在天花板
上，自行變化。

配置訣竅1↑

單人房也可以採用北歐名品

一般名作家具的尺寸都很大，但這裡
選用的芬蘭建築大師阿爾瓦‧阿魯多
（Alvar Aalto）的Artek Table & Chair
卻是小尺寸，非常適合放在單人房裡，
自然又有味道！

混搭秘技2→

電視也是重要的
室內裝飾元素

義大利製的復古電視能為空
間帶來趣味性，不擺在電視
櫃而放置牆角椅上的做法，
對小坪數房間來說，能有效
節省空間。想買液晶電視的
人，也可嘗試這個方法喔！

DATA	
STYLE	▸ 北歐摩登
SITUATION	▸ 單人房
IMAGE	▸ 30～40歲的獨居男性
CORDINATE	▸ Sempre青山

混搭秘技4→
材料的質感
比你想像中還重要

房內一角造型獨特的衣架是義大利HORM公司的作品，遠看彷彿8根螺旋狀的金屬雕塑物，但其實是沒處理過的山毛櫸。雖然外型特別，卻不會在空間中顯得格格不入，很適合北歐風的空間。再加上材質極輕，即使倒下來也不會造成危險。

混搭秘技3→
在簡單的空間
用顏色營造童趣

在以黑白為主色調的房間裡，放上2個小小的紅色德國花瓶。跟擺在床頭的電視一樣，利用紅色來豐富空間效果，就是利用小擺設讓空間更顯精緻的極佳示範。擺放花瓶屬於更高的技巧，雖是小細節，但擺放與否的效果卻會差很多。

混搭秘技2→
把手的造型
也可增加時尚感

北歐二手家具的特色是到
處都帶有弧線,像圖中邊
櫃這樣線條俐落的把手很
少見。這種銳利線條在北
歐家具的溫厚感中,產生
了一種絕佳的平衡感。

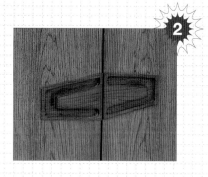

混搭秘技1→
少許藍色點綴
產生極大效果

造型獨特的橘色桌
燈,照亮了椅後的空
間。藍色花瓶體積雖
小卻產生極大效果,
可為暖色調的房間帶
來一股清新氛圍,使
空間不到太濃膩。

圖＝木村真一
攝影協力＝住友林業

CASE 02
融合北歐二手風與現代感的舒適客廳

室

內全部選用北歐二手家具，色調沙發是不夠的，擺上冷調的邊櫃旁，對氣候乾燥的北歐來講雖然適合，但對每天有一半時間處於高濕度的亞洲環境來說，卻很不切實際。

在保有北歐木製家具的獨特溫厚感中，如何搭配出現代風，是很重要的一點。大致說來，光是在暖色和感的空間。

還必須注意兩者是否搭配，比方說，沙發如果造型渾厚，那麼邊櫃就得選擇線條俐落的款式。若能讓同一空間裡存在不同個性的元素，在保有彼此性格時又不顯得對立，就能創造出有調

混搭秘技3↓
不是北歐製品也OK！

這把看來很有丹麥風格的柚木椅，其實是義大利製品。採用顏色類似柚木的桃心紅木椅腳，搭配富有丹麥設計大師芬恩·尤魯（Finn Juhl）風格的造型，非常適合北歐二手家具風格的佈置。椅布只要能與整體色系搭配，即使是花布也很好看。

配置訣竅1→
北歐家具新手的必備單品

任何造型的邊桌，都是北歐家具入門者的好選擇。小巧不貴，可放置在不同空間裡作各種用途。雖然不能左右房間整體的效果，卻能為角落帶來不同風情。雜誌架跟小櫃子也有相同的效果喔！

混搭秘技4↓
聰明而大膽的混搭手法

單看衣架會覺得它很高、鐵製的材質也很顯眼。若縱觀室內整體，就會發現它其實沒有那麼突出。因為衣架的頂端跟底部都使用弧線修飾，並且採用與室內主色調相同的橘色。這樣的搭配看似大膽，卻是個聰明的選擇。

混搭秘技5↓
以形體來配合北歐的復古風

故意不選用黑色皮革或暖色布面沙發，這項手法的重點是沙發的造型必須渾厚，並且沒有金屬椅角，否則空間便會顯得太輕，而失去北歐二手風的味道，要特別注意。

DATA

STYLE	▶ 北歐復古風
SITUATION	▶ 客廳
IMAGE	▶ 30多歲的夫婦
CORDINATE	▶ pour annik

CASE
03

充分展現·五〇風潮精髓的·成熟空間

圖∥木村真一
攝影協力∥住友林業

只要提到五〇風潮，就會讓人聯想到熱鬧繽紛的普普風格，但事實上發揮的搭配技巧不同，呈現出來的效果也會截然不同。例如五〇風潮大師查爾斯和蕾依·伊姆茲夫婦的房子就被譽為室內設計的顛峰之作，但其實他們並沒在屋子裡擺滿了設計師的單品，而

潮，是自古今東西蒐集而來的單品，以不顯凌亂的方式高明配置，這也是基於他們堅持設計必須「簡潔又富機能性」的理念而做的搭配方法。接下來要示範的這個例子，也屬於這種沉穩逸趣的風格，突顯生活品味，可說是成熟版五〇風潮之最佳示範。

● DATA

STYLE	▸ 五〇風潮
SITUATION	▸ 單人房
IMAGE	▸ 30～40歲男性
CORDINATE	▸ MODERNICA

配置訣竅2←

以名作醞釀出內斂的成熟品味

高明使用耶羅·沙里涅（Eero Saarinen）的邊桌與野口勇的燈具等五〇風潮大師作品，在房間的整體搭配上算是非常內斂且突顯重點。對雅痞生活來說，桌上擺放的物件才是展現品味的關鍵。

配置訣竅1←

採用具有五〇精神的家具

機能性與材質可說是展現五〇精神的兩大要素，因此採用能呼應這兩項要素的玻璃與木頭來重現五〇精神。裡頭放置的物品也能改變空間氛圍，放些有趣的小東西進去吧！

COLUMN

可隨使用者需求改變用途的桌子

懸空擺放的綠色空間

也可以把玻璃桌面拿掉，在裡面種盆栽。這麼一來，鐵製椅角便會突顯出懸浮的物體，讓空間顯得更寬廣。這就是設計上的「懸空手法」。

也可以放在沙發旁

桌子不一定要擺在室內正中央，也可當成置物櫃來使用。直線條的設計，即使擺在沙發旁也可以，內側適合放些較具份量感的擺設。

混搭秘技1←

在充滿直線的空間裡
以曲木增添變化

秋田木工精心打造的曲木扶手椅
是空間裡的大功臣，就如柯比意
（Le Corbusier）曾說：「白牆加上
THONET的曲木椅，就萬事皆備了！」
對簡潔的空間或線條銳利的家具來
說，線條優雅的曲木椅是最佳搭檔。

混搭秘技2→
將家具用在
不同用途上

這個看起來像矮櫃的櫃子，其實是個電視櫃。這種做法屬於家具的用途混搭，在原本應放置電視的檯面上，放上植物或小裝飾品。斑木材質的木櫃不但不會破壞和室的氣氛，也很適合放在現代感的空間裡。試著將現有的家具應用在其他不同的用途上吧！

混搭秘技1→
選用非和紙的
其他紙類

在以低矮家具為主的和室內，搭配聳立的燈具，就能增加空間的時尚感。為了能完美融入空間並避免造成壓迫感，必須慎選材質。對和式摩登來說，日本的傳統和紙是搭配時不可或缺的素材，但即使不是和紙，只要是能營造同樣格調的紙類燈具，都很適合。

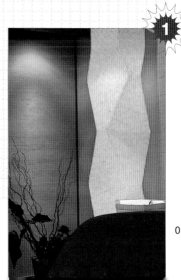

混搭秘技4→
以海外設計師的和風餐具增加新鮮感

桌上這個看起來像是日本急須壺的器具，其實是丹麥設計師的作品。由於是海外設計師的創作，因此色澤不像日本設計師的作品那樣沉穩，反而帶點現代感，很適合使用於摩登空間。

混搭秘技5←
以紅色帶出空間重點

在沉穩的和式空間內故意擺張耶羅．沙里涅的正紅色子宮椅。或許有人會認為大膽的紅色「會破壞和室靜逸的氣氛」，而對這樣的搭配手法敬而遠之，但正因為加入了玩心，空間反而更顯舒適。

圖＝柳井一隆
攝影協力＝住友林業

CASE
04

想不到摩登的和式風格也能讓人感覺沉穩

也

許是和式風格給人的既有印象，使得很多人不知道該如何佈置富有摩登感的和室。這裡示範的就是在以和風為基調的空間裡，大大方方地以五〇風潮與北歐家具混搭，成為日洋融合的「和式摩登」家具。除了融合沉靜的和風與鮮明的洋風，彰顯室內重點的大膽搭配只要運用得宜，卻出乎意料之外地適合，而且充滿樂趣。

人的既有印象，還展現了另一個混搭的技巧，便是在以直線和灰階色彩為主的和室空間內擺設一張造型渾圓的正紅色椅子，或是在榻榻米上設置附有椅腳的家具等。這種高調的和室融合。

混搭秘技3↑
和室也能混搭五〇風潮

和室與伊姆茲的殼型椅乍看之下雖然是不可思議的組合，但其實上非常搭調。在和室這樣沉穩的空間裡，只要加進一點不同風格的元素，就能帶出空間的摩登感。

DATA	
STYLE	▶ 和式摩登
SITUATION	▶ 和室
IMAGE	▶ 20多歲女性
CORDINATE	▶ Meister

LIVING

DINING

BED

學習不同類型房間的
搭配法吧！

從二手貨到名牌家具、從名聲顯赫到沒沒無聞，
不管古今東西，一併混搭！創造出自己的風格！
從不同的房間類型，掌握住搭配技巧吧！

採訪協助＝Targetti Poulsen Japan Ltd.

LIGHT

OTHERS

花紋也能為空間帶來
不同的感受

CASE 05 → Living

新舊單品交互混搭的
簡潔摩登

▸ **Hana的客廳**

這個房間在現代感中透露著溫暖的風味，這可歸功於陳設上用心混搭新舊家具，將IKEA與二手家具並用的結果。牆上掛了marimekko的裝飾板、窗旁也擺上植物，巧妙地為空間增添元素，色彩的搭配也極為出色。

+

LIVING

白牆襯著
窗邊的綠意

童心十足
擺放喜愛的小玩意

古董家具能為空間
增添暖意

深藍色的地毯
讓整體感不至於過度外放

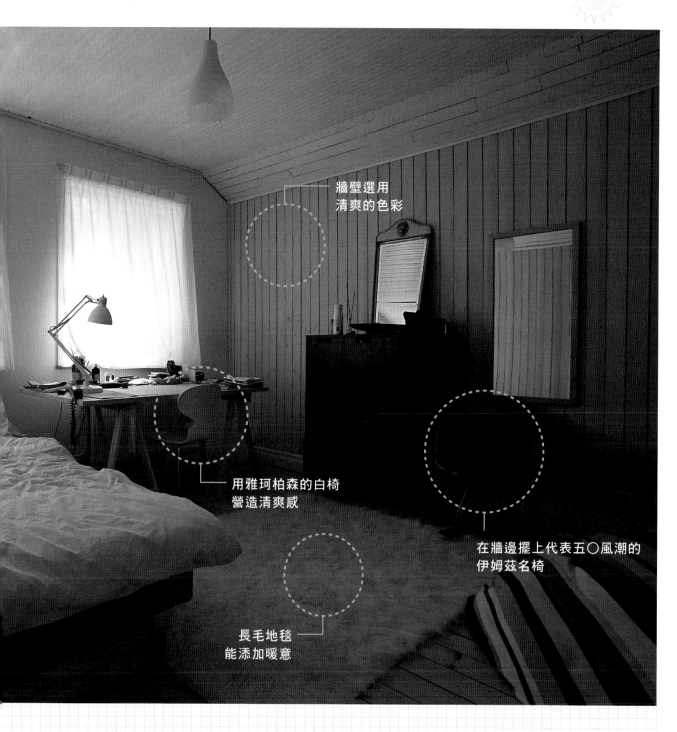

牆壁選用
清爽的色彩

用雅珂柏森的白椅
營造清爽感

在牆邊擺上代表五〇風潮的
伊姆茲名椅

長毛地毯
能添加暖意

CASE 06 →Living

單人套房也能應用的擺設法

▶ Hana的房間

在以白色為主要色調的臥房裡,漆成藍色的牆壁顯得非常突出,令人印象深刻。牆邊擺放的伊姆茲殼型扶手椅等富有摩登感的家具,聰明地與其他復古家具混搭在一起,帶出簡潔又有個性的室內氛圍,整體空間色調鮮明而且協調,給人平和的感覺。地毯選用長毛鬆軟的材質,藉由材質特性的變化,營造出暖洋洋的和煦感。

+

CASE **07** →Living

不顯陳舊的空間搭配術

▸ Mune的客廳

　　這個客廳裡雖然使用了不少老家具，但藉由白色和原木色來統一整體色調，所以一點也不顯得陳舊。經年使用的皮椅（1）為空間帶來了一絲愜意感。以藍色花瓶（2）、電腦桌前的黃色椅子（3）為室內點綴色彩，也能突顯個性。此外在整體配置上採用低矮家具的做法，也使空間看起來顯得更加寬敞。

CASE **08** →Living

用高矮線條製造韻律感

▸ Henrik的房間

　　這個房間也是單人套房陳設的好例子，極富個性的床架（1）與窗邊高矮不一的植栽（2），都使得室內顯得有韻律感而不單調。在以木製家具為主的空間裡，選用不同材質的椅子，也使得空間更富於變化。

與室內相襯的
北歐著名燈款

以掛畫做為
視覺重點

混搭
五〇風潮的家具

CASE **09** → Living

在北歐風裡混搭其他元素

▶ **Mariana的客廳**

　　客廳裡同時擺放著路易斯·波森製的燈具、維諾·潘頓的正紅圓錐椅、柯比意的長躺椅及密斯·凡·德羅的巴塞隆納椅等多款名家設計的經典作品。在正統北歐風格的空間裡，點綴著包浩斯、五〇風潮等不同風格的家具，使得空間更顯豐富。只要搭配得當，靈活運用兩種風格的特性，就不會讓空間流於北歐風格展示窗。

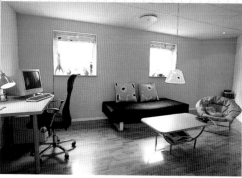

CASE **10** → Living

用色調統一整體空間

▶ **Dorte的客廳**

　　綠牆（1）給人的印象雖然強烈，卻不會太過繽紛，很有整體感。這是因為顏色搭配得很巧妙，選用的花色也不太過繁複。空間中心的吊燈（2），採用丹麥LE KLINT公司的作品；抱枕（3）也與其他元素採用相同主題，均是marimekko的招牌花色，使得空間更具統一性。

+

清爽乾淨的白色房間

▸ Matz的客廳

牆與家具都大量使用白色，連燈具也採用白光，營造出蠶繭般的潔白氛圍。但秘訣在於使用不同材質的家具（1），以增加變化。並在各處點綴藍色，使得白色空間有收邊的效果（2、3）。

善用舊沙發增添內蘊

▸ Henrik的客廳

客廳的牆邊擺放從以前的房裡搬過來的紅色沙發（1）在寬廣的空間裡，顯得極富韻味。在新房子裡善用舊家具是個很值得鼓勵的技巧。邊桌（2）的桌角既有的曲線也讓空間更有風情。

不著痕跡地擺上名椅

▸ Pere的客廳

在洋溢著木頭溫暖氛圍的北歐風格客廳裡，哈利・貝魯托亞的鑽石椅（1）靜靜地待在一角，鐵網素材讓它輕易融入空間中，不會顯得太沉重。而漢斯・J・威格納的OX椅（2）也讓空間顯得很大氣。

很有整體感的客廳

▸ Rhife的客廳

在同一空間裡擺放了情調各異的家具，整體感看起來卻很一致，這是巧妙搭配了燈具與家具的效果。燈具（1）與椅子（2）以紅色來統一，燭台則跟燈具一樣，都採用黃銅材質。

自己做的白色窗簾
感覺很清爽

復古的玻璃燈具
為空間帶來變化

大面積的沙發
也用白色營造統一感

　　北歐家具沒有多餘的裝飾，只是將卓越的機能性反應在形體上，這點跟日本茶道的精神很類似，因此就算把北歐家具擺在日本和室裡一點也不會顯得突兀。位於神奈川縣湯河原溫泉的旅館FUKIYA，便實現了在空間裡將北歐精神與和風完美結合。一踏入旅館，迎面而來的便是芬恩·尤魯（Finn

Juhl）等丹麥名家作品，大方陳設在眼前；207號客房的緣側也擺設了芬恩的作品靜候著客人光臨。這些北歐家具在榻榻米的空間裡顯得非常適合，完全融入了日本的美感空間中。而沉穩的線條在以直線為主的和室裡也不致被隱沒。這種在和室擺上北歐作品的奢侈搭配法，實在很想讓人嘗試一次。

COLUMN

**融合北歐與
大和風情的
著名旅館FUKIYA**

CASE 15 → Living

充滿個性的純粹和風

▸ 行田的房間

雖然在榻榻米房間裡擺上大型沙發跟床組，卻不會顯得沉重。此處重點是色彩的使用，房間整體以白色為主，因此顯得輕盈。房內床組則採用有床腳的類型，這也能使空間顯得寬敞。此外，燈具不採用和紙素材，而改用帶有復古氛圍的玻璃燈具，更為空間添加個性。

CASE 16 → Living

用椅子帶出安逸的氣息

▸ Henrik的客廳

在滿溢自然氣息的寬廣空間裡，擺上一張躺椅（1）便能為帶來安逸感，也能使空間看來有重心，這種搭配手法很值得大家參考。轉角處擺放顏色較深的籃子或邊桌（2、3），也可以為空間帶來逸趣。

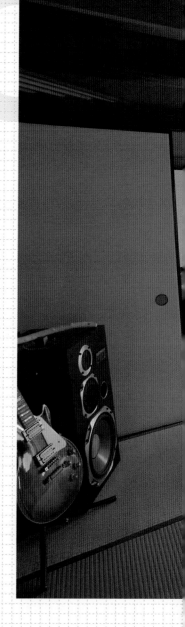

CASE 17 → Living

揉合各國風格的無國界客廳

▸ Crasse的客廳

不管是從非洲帶回來的地毯，或是來自各國的小飾品（1），都使客廳顯得很有國際感。讓這些物品顯得很有整體感的，正是日冕椅（2）與蛋椅（3）這兩款椅子名作。由於它們獨特的存在感，使得空間中的各國元素得以統一而不顯紊亂。

🔴 DATA

湯河原溫泉
FUKIYA
神奈川縣足柄下郡
湯河原町宮上398
http://www.yugawarafukiya.com/

右：和室與北歐家具居然這麼搭調，讓人感到驚訝！
左：紙窗透進的幽淡光線襯著名椅，真是絕佳搭配。

選擇造型洗練的
吊燈

顏色故意產生衝突
以製造摩登感

造型古典的桌子
為空間帶來優雅氣氛

CASE **18** →Dining

為古典家具披上摩登外衣

▶ Mune的餐廳

　　圖中使用的桌子是1920年代的老家具，雖然看起來有點笨重，但周圍的弧線設計讓空間因此顯得優雅，再加上保羅·漢寧森（Paul Henningsen）的燈具及雅珂珀森的黑色Seven椅，更加突顯摩登風情。就算桌椅採用不同色調，只要整體色彩不過於繁複，也能相得益彰，成功的混搭就能營造出簡潔況味。

DINING

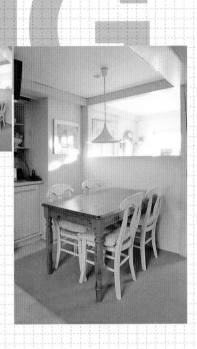

CASE 19 → Dining

以清淡色彩統一整體感

▸ **Solen的餐廳**

在以白色為主的用餐空間裡，加進清淡
的色彩調和，並用圓錐形的吊燈（1）跟原
木色餐桌（2）來減低空間的單調感，使整
體空間更加明亮。椅角的圓滑曲線，能製造
出懷舊且溫暖的氣氛。

CASE 20 → Dining

善用織品加強視覺效果

▸ **Mette的餐廳**

在充滿慵懶情調的廚房角落裡，以白樺
樹為主題的marimekko窗簾（1）為用餐空間
帶來明亮輕快的感覺。周圍顏色深沉的家具
（2）更能增強色彩對比，突顯明快氣氛。

CASE 21 → Dining

色彩繽紛的搭配法

▸ **Henrik的客廳**

桌椅都是1950年代的經典家具（1），
在以白色為主的室內，醞釀出輕快的氣氛。
牆上的畫作（2）裝點出繽紛色彩，最後再
以黑色吊燈（3）為空間結尾。

CASE 23 → Dining

散發出獨特存在感的燈具

‣ Ura的餐廳

在家族群聚的用餐空間裡，植物印花的窗簾（1）讓空間顯得輕快，桌上的藍色花瓶與窗簾的綠意相襯。視覺感強烈的保羅‧漢寧森（Paul Henningsen）燈具（2）是這個空間的主角。

渾圓的造型
帶來了韻律感

用觀葉植物
增加空間裡的色彩

重視桌椅的
和諧感

CASE 22 → Dining

具有和諧感的現代餐桌

‣ Matz的餐廳

餐廳裡的桌椅雖是分別購入的單品，但因為色彩搭配得宜，而顯得很有一致性。此外桌上與窗旁的觀葉植物，為空間帶來一抹繽紛溫暖的氣息。

CASE 24 → Dining

用紅色椅子做為視覺重心

‣ Neil的餐廳

在經典簡樸氣息的用餐空間裡，選用漆成紅色的漢斯‧J‧威格納設計的Y字椅做為餐廳中的視覺重點，椅架的顏色（1）在一片大地色系的家具當中顯得格外突出，也增添一份雅緻感。別忘了，選用突出的造型也是搭配時的秘訣喔！

+

CASE 25 → Dining

清爽乾淨的餐廳

▶ **Christina的餐廳**

從牆壁到窗框、家具，全都以白色統一（1），創造出明亮清爽的感覺，再搭配IKEA的家具，簡潔的用餐空間便大功告成！別忘了在窗邊擺些小飾品（2），為簡單的室內增添一抹童趣！

CASE 26 → Dining

耐看的餐桌顏色

▶ **David的餐廳**

阿魯涅·雅珂柏森（Arne Jacobsen）設計的桌椅（1）在經年使用後，顏色會越來越耐看，使空間看來更加成熟內斂。疊放在一角的圓凳，不但填補了空白之處，需要使用時也很方便。

CASE 27 → Dining

蔚藍色彩調配出靜逸的氣氛

▶ **Mariana的餐廳**

在以自然色系為主的餐廳裡，雅珂柏森的藍色椅子為空間帶來變化，簡潔的造型具有強烈存在感。在間接照明的使用上，除了桌燈外，燭光也是北歐十分常見的做法。利用不同種類的光源，能讓空間頓時轉化成不同的氣氛。

善用間接照明

造型簡潔
卻極具存在感

由實例中學習搭配擁有個人風格的房間

CASE 28 → Bed

品味出色的陳設

▸ Erina的臥室

為了搭配茶色櫃子，選用深藍的床單顏色（1），讓臥室散發出一股洗練風味，不但使空間顯得內斂，天鵝絨材質也使整體更顯高雅出色，床上的白色抱枕搭配吊燈和地板的色調更顯一致性。

CASE 29 → Bed

貝殼為空間裝點了優雅的表情

▸ Matz的臥室

在以白色為主的家具、床單及燈具中，貝殼材質的吊燈（1）讓空間添上了一抹夢幻氣息。接著再以枕套（2）的色彩，為空間調味加料。

CASE 30 → Bed

讓回憶成為裝飾的一部份

▸ Hana的臥室

在以白色為主的臥房裡，床頭相片為空間帶來溫馨感（1）。整體的簡潔線條，能使相片從空間中跳脫出來。枕套花色（2）也能為臥房添加時尚的氛圍。

CASE 31 → Bed

木頭的溫暖質地
在白色空間中更顯耀眼

▸ Dorben的臥室

這個臥房裡捨去一切多餘裝飾，只留下最基本的用品。在極度簡潔的陳設中，燈具（1）的明暗與角落木椅（2）所散發出的溫暖質地反而更顯得突出。

CASE 32 → Bed

燈具醞釀出的慵懶氛圍

▸ Martin的臥室

皺褶造型的燈具（1）扮演著空間裡的主角，為房間帶來趣味性。加上使用兩個以上的間接照明（2），只須打開一盞光源，就能添上一抹舒適慵懶的情調。

裝飾品
統一採用白色

擺上一張地毯
就能添加溫暖氣息

白色的床單
營造潔淨感

CASE 33 → Bed

以帶有暖意的白色為基調

▶ David的臥室

　　在被床組佔據大半空間的臥室裡，為了讓空間看起來更寬敞，通常建議以具潔淨感的白色為主調。圖中的臥室除了地板與地毯外，其他物件也都盡量選擇白色。白色也有許多色階，採用帶有暖意的白色搭配地板顏色，就能讓臥室空間顯得暖洋洋。

CASE 34 →Light

利用光的陰影，調節空間氣氛

▸ **Dorben的客廳**

立燈的柔和光線雖然不能照亮室內的每個角落，卻是為房間帶來暖意的大功臣。在這慵懶舒適的空間裡，威格納（Wegner）的椅子在光線的照耀下，投射出優雅的陰影。搖曳的燭光，也使得整體空間更具北歐風味。

醞釀出
溫暖的氛圍

椅子在舒適的空間裡
不可或缺

淡淡的燭光搖曳生姿

+

LIGHT

一起來學習北歐的照明戲法！

在日照時間不長的北歐地區，燈具是室內設計非常重要的環節之一。日本的家庭大多使用光源均一的螢光燈，但北歐卻以白熾燈為主，並搭配使用多盞燈具，製造出光影的變化，為空間帶來不一樣的表情，選擇種類與組合搭配非常眾多。燈具造型從簡潔到繁複一應俱全，光是換盞燈具，空間的樣貌就會截然不同，大家也不妨一試！

CASE 36 → Others

善用零碎空間

▶ **Matz的房間**

　　靈活運用浴室旁的小角落，配合門板的高度，設置與牆壁同顏色的白色書櫃（1）。裡頭整齊地擺放書本，以增加空間的豐富性。地上的深色地毯與白色空間的反差，也能增添空間深度。

CASE 35 → Others

讓收納櫥櫃也成為室內一景

▶ **Hana的空間**

　　右圖是善用空間角落的好例子，在白牆邊擺上藍色調的小擺設（1）等，營造轉角的韻味。角落則擺放木箱（2），這其實是一只收納櫃，卻能與白牆相襯，兼具實用與美感的室內擺設。

CASE 38 → Others

颯爽的極簡之美

▶ **Matz的房間**

　　下圖是非常洗練的搭配法，白色邊櫃上並沒有雜七雜八的小物，反而將色彩減到最低。添加一抹向上延展的自然曲線（1），效果與可活絡和室空間的花朵一樣，使直線家具的空間看來摩登且有生氣。

CASE 37 → Others

一把椅子中的小宇宙

▶ **Henrik的客廳**

　　圖中安樂椅的擺放方式，很值得學習。單在窗旁擺上一把雅珂柏森的天鵝椅（1），就能創造出一方安逸天地，不僅優美如畫，也是享受獨處時光的小宇宙。

+

造型渾圓的吊燈
偏低懸掛

顏色各異的
伊姆茲殼型椅

艾菲爾椅腳製造出
輕盈的意象

CASE **39** → Others

把窗邊當成展示台

▸ Elina的房間

活用窗台上的剩餘空間，在上頭擺放相片，當成展示台使用（1）。窗旁的椅子（2）也搭配邊櫃的顏色，讓室內呈現出一股自然的情趣。

CASE **40** → Others

以色彩享受搭配樂趣

▸ Maria的餐廳

在溢滿陽光的潔白空間裡，伊姆茲的殼型邊椅靜靜地待在桌旁。顏色各異的6把椅子，有濃有淡，和諧相襯又不致太過張揚，讓用餐環境更添生趣。艾菲爾造型的鋼鐵椅角，為滿是木質製品的空間增加素材變化，讓視覺感受變得比較輕盈。

室內搭配絕招
小坪數空間也能擺設名作家具！

大部份的名家設計家具都是大尺寸，
要如何在小坪數的居家空間裡擺放進這些作品呢？
以下就依不同的空間提出解決對策。

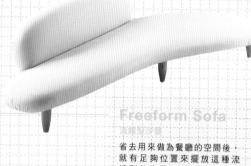

Freeform Sofa
流線型沙發

省去用來做為餐廳的空間後，就有足夠位置來擺放這種流線型的家具。野口勇設計。
W3000×D1300×H720mm

Breuer Armchair
布羅亞扶手椅

這款馬賽爾‧布羅亞（Marcel Breuer）設計的椅子，富有木材與流線造型的魅力。寬大的扶手可以放置東西，省略邊桌配置。
W850×D890×H790mm

CASE 1

想享受輕鬆氛圍
就將客廳咖啡店化

非常適合重視休閒時間、喜歡享受慢食，而且經常有朋友造訪者的生活空間提案。以放置在主沙發之前的圓型桌為中心，周圍再搭配單人椅與歐特曼椅（Ottoman），就能營造出咖啡廳般，適合用餐、喝茶的悠閒空間。這種設計方案的重心在於桌子，因此在選購上要以能方便取用食物，並且選擇桌面稍高的款式為佳。

最近的公寓設備跟裝潢雖然比以前來得精緻，但空間面積卻依然狹小。平均來說，一般家庭的客、餐廳大概只有9～12疊榻榻米（約4.5～6坪）大。在這麼狹小的房子裡，不但要劃分出客、餐廳，還想擺放尺寸通常有點大的名家設計家具，其實頗具難度。

想讓可利用坪數不大的客、餐廳空間看起來更寬廣，有三項佈置要訣。一是選擇能收進桌子底下的椅子、二是桌椅設計盡量簡單，造型複雜、坐起來不舒服的椅子，最後只會變成家中贅物，選購時請務必謹慎。最後一點則是應視空間整體的明亮度以及使用需求，選擇合適的燈具。

此外最好能了解自己的生活模式、居家生活的優先順序，這樣就不需要執著於客、餐廳的劃分，例如省略餐廳，將客廳與餐廳同時具有用餐功能的輕鬆空間，就有足夠位置擺放名作家具。接著就以此擺放方式為原則，為各位讀者介紹3種不同的空間佈置法。

● 空間搭配訣竅

　　為了減少空間的狹隘感，也希望能製造更多的悠閒氣氛，選擇具有自然弧形的獨特家具，但是又不希望整體過於柔和，所以在房間的中央，特別選用了與木材、可形成強烈對比的金屬照明燈，也成為展現成熟、高雅風格的關鍵單品。最後再以帶有大片綠色氣息的盆栽做為點綴，就更完美了。

Woodline
沐曲躺椅

兼具北歐柔和風格與義大利自負的品味展現。充滿了舒適與優雅氣氛的家具。來自馬魯可·札努索（Marco Zanuso）的設計。
W740xD900xH730mm

PH Artichoke
PH松果藝吊燈

被譽為經典名作的重量級照明燈具。銅線支撐的設計，展現了成熟的風格。保羅·漢寧森（Paul Henningsen）之作品。
Φ480×H500mm

CH 008
CH 008

機能為優先考量。來自漢斯·J·威格納（Hans J. Wegner）的三隻桌腳設計款，充滿簡潔有力的個性表現。Φ1000×H530mm

Freeform Ottoman
自由型歇腳凳椅

大寬度的設計，非常適合當成長椅來使用，也可以放置托盤做為小桌用途。同為野口勇的作品。
W1200×D710×H340mm

樂趣洋溢的空間
工作室客廳

在房間的中央放置大桌子，不僅能當成用餐或飲茶的中心，也可以將筆記型電腦放在桌上，處理工作事項，甚至在此進行燙衣服等家務事，非常適合需要多機能空間的家庭。所以配置時最重要的就是必須選購符合使用目的，而且久坐不累的椅子。即便不是沙發，不論是短或長時間使用，都可舒適乘坐。至於想輕鬆躺下休息時，就請移駕到臥房或和室。

Potence
支力燈

強‧普魯威的設計燈具，讓整個空間更具有工作室氣氛，很適合用來做為空間中的視覺重心。
W2030×H1090mm

EM table
EM桌

由強‧普魯威（Jean Prouve）所設計的寬桌，因為將桌腳集中在中央部份，所以桌底有更多靈活使用的空間。
W2000×D900×H720mm

Gastone
餐車

安東尼‧奇特力歐（Antonio Citterio）所設計，可用來放置葡萄酒冰桶或印表機的活動餐車。
W680×D620×H700mm

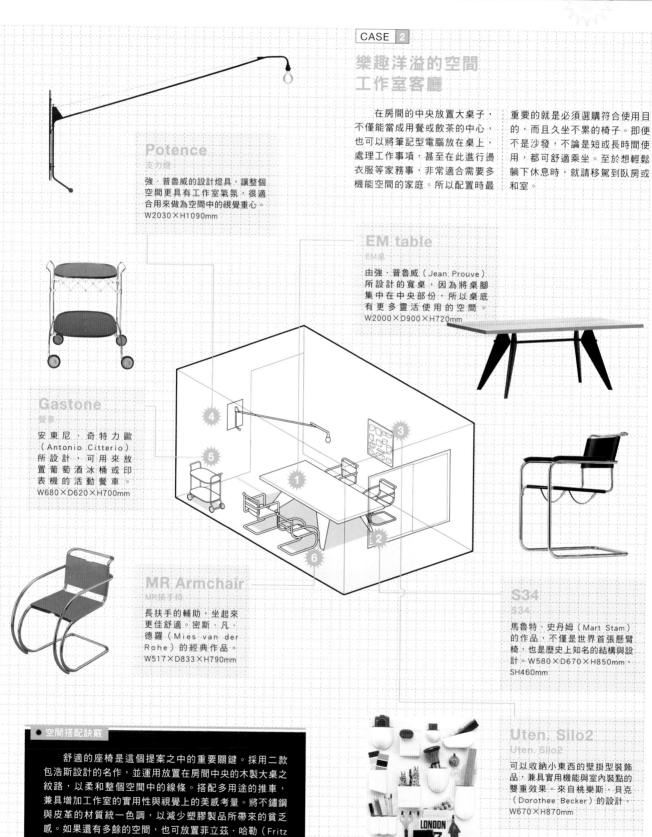

MR Armchair
MR扶手椅

長扶手的輔助，坐起來更佳舒適。密斯‧凡‧德羅（Mies van der Rohe）的經典作品。
W517×D833×H790mm

S34
S34

馬魯特‧史丹姆（Mart Stam）的作品，不僅是世界首張懸臂椅，也是歷史上知名的結構與設計。W580×D670×H850mm、SH460mm

Uten. Silo2
Uten. Silo2

可以收納小東西的壁掛型裝飾品，兼具實用機能與室內裝點的雙重效果。來自桃樂斯‧貝克（Dorothee Becker）的設計。
W670×H870mm

● 空間搭配訣竅

舒適的座椅是這個提案之中的重要關鍵。採用二款包浩斯設計的名作，並運用放置在房間中央的木製大桌之紋路，以柔和整個空間中的線條。搭配多用途的推車，兼具增加工作室的實用性與視覺上的美感考量。將不鏽鋼與皮革的材質統一色調，以減少塑膠製品所帶來的貧乏感。如果還有多餘的空間，也可放置菲立茲‧哈勒（Fritz Haller）設計的哈勒系統家具櫃收納櫃與裝飾櫃等物件。

AKARI
AKARI
結合懸吊燈與落地燈的設計作品，引起多方注目。也是野口勇的作品。隨著年代演進，同系列已發展出多種變化款，請參考P.125 Φ880×H330mm

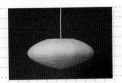

MARENCO
MARENCO
如同以大軟墊所形成的座面與架構，呈現出非常沙發的感覺。馬力歐·馬雷克（Mario Marenco）的經典設計。W2480×D970×H660mm

SACCO
Sacco
顛覆原有座椅概念的劃時代新設計，也是世界上第一把問世的泡泡椅（Beads Chair）。W800×D800×H680mm

ETRT
ETRT
不用時可以將椅腳拆卸下來，如同衝浪板一般的靠牆立放。查爾斯和蕾依·伊姆茲的代表作。W2261×D750×H254mm

CASE 3

活用日式空間的和室客廳

可以躺在榻榻米上悠閒閱讀雜誌，或是靠著坐墊圍爐的和室空間，原本就是放鬆的場所。不論是臨時當作客房使用，只要稍微收拾一下家具，又會回到和室原來的面貌，既便利又無損其機能性。這個提案的重點，必須要注意低處的細節，因為靠近地面，所以家具更要採用簡單、輕巧材質的製品。其他只要搭配裝飾品與照明器具、盆栽等，就能營造出令人滿意的空間風格。

> COLUMN
> 和室可不只有臥室用途，也可以當作摺疊曬乾衣物的小歇室，或是與孩童遊戲的玩樂房。在有限空間當中活用每一個地點的構想下，當然更應該多加利用。也有很多人將和室房當成西式公寓中的小客廳使用。

LOUNGECHAIR
休閒椅
劍持勇的經典作品，以輕巧、堅固的藤材所製成，具有柔軟觸感的材質表現。W900×D855×H725mm、SH380mm

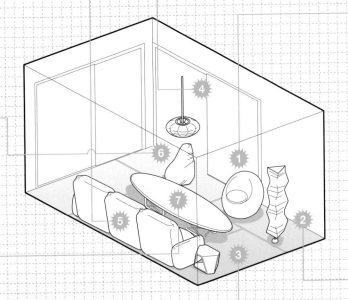

AKARI
AKARI
為世界時尚人士所熟知的野口勇的落地燈作品。沉穩的造型，正適合和室內的空間陳列。W470×D470×H1900mm

● 空間搭配訣竅
將和室空間轉換為現代風格時，大多都會聯想成單色極簡與禪風等印象，而忽略和室原有的放鬆休閒意義。這時如何選購適合榻榻米的沙發、椅子等更顯重要。例如將具有柔軟造型的家具，都移放到榻榻米上方，也是重要的調和空間做法。所有的家具，都應該盡可能的接近地面，因此在空間的上方，就會需要以和紙燈罩做成的懸吊燈與落地燈之結合品，綻放出柔和的光芒。另外也可以加入野口勇的AKARI系列燈具，並擺放盆栽等做為裝飾。

Murai Stool
Murai Stool
適合搭配沙發與座椅旁邊的腳凳款式，也可以當作小桌子來使用。六角形的外觀，極具個性。設計師為田邊麗子。W450×D434×H360mm

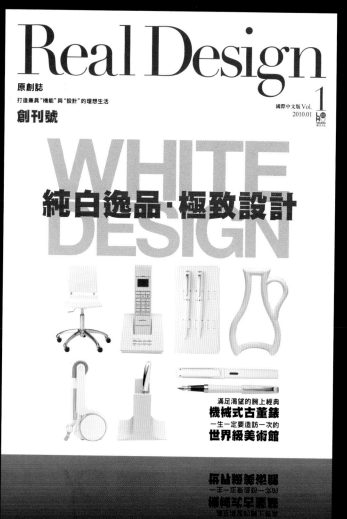

↓

Maker & Brand Guide

製造商與品牌是孕育出名作家具的大功臣，讓我們沿著時間的源流，
順著各時期的名作家具，一步步往家具達人的目標邁進吧！

【家具商與品牌指南】

掌握名作 家具發展簡史

以下的講座為你整理了各家
具商與品牌的發展簡史和經
典之作。特別具有代表性的
作品旁邊標有猴子符號、重
要人名和知識也會用顏色標
示出來。熟記這些，你就可
以躋身家具達人的行列喔！

►►► **1819** | 德意志 | ▬

THONET

【托奈特】

推出無數包浩斯名作

由1796年出生的建築用具工匠米歇爾·托奈特（Michael Thonet）在23歲（1819年）時設立。並以山毛櫸材的曲木技術，於1841年取得專利，因此這種樣式的家具至今仍被統稱為「托奈特式」。代表作品是1859年推出的NO.214，即通稱的咖啡廳椅。1919年，包浩斯設立之後，也協助密斯·凡·德羅（Mies van der Rohe）、馬爾賽·布羅雅（Marcel Breuer）等人製作鋼管椅，至今仍持續製作包浩斯系列的產品。

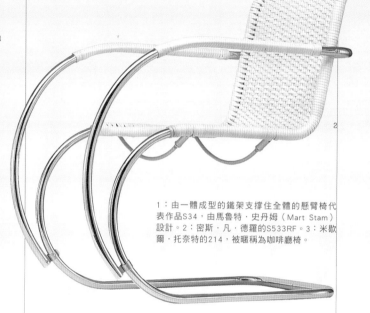

1：由一體成型的鐵架支撐住全體的懸臂椅代表作品S34，由馬魯特·史丹姆（Mart Stam）設計。2：密斯·凡·德羅的S533RF。3：米歇爾·托奈特的214，被暱稱為咖啡廳椅。

▬▬ | 丹麥 | **1872** ◄◄◄

Fritz Hansen

【菲立茲·韓森】

因阿魯涅·雅珂柏森而廣為人知

①872年創設於丹麥，是代表北歐的知名品牌。像是阿魯涅·雅珂柏森（Arne Jacobsen）設計的螞蟻椅（1952年）、Seven椅（1955年）等木製合板作品，和五〇風潮代表作─蛋椅（1958年）、天鵝椅（1958年）等，都是Fritz Hansen的產品。另外還有與保羅·凱亞荷魯姆（Poul Kjærholm）、凱斯柏·薩爾托（Kasper Salto）等知名設計師共同製作發表的許多作品，廣受用家歡迎。

1：保羅·凱亞荷魯姆代表作PK22。2：阿魯涅·雅珂柏森的賣座名椅Seven Chair。3：阿魯涅·雅珂柏森之天鵝椅。

1819 › 1874

►►► **1874** │ 丹麥 │

louis poulsen

【路易斯・波森】

生產了許多知名的燈具作品

這家成立於1874年的知名北歐燈具製造商，在1920年代後期與建築師保羅・漢寧森（Poul Henningsen）合作，開發出許多燈具設計，並以優雅的造型與柔和的光線，吸引了許多愛好者。合作的代表設計師有保羅・漢寧森、阿魯涅・雅珂柏森、阿弗烈・霍曼（Alfred Homann）等人。公司總部設在丹麥，產量60％以上均銷往國外，為世界最具代表性的燈具製造商。

point!

1：內山章一設計的Enigma，宛如藝術品一般。2：保羅・漢寧森設計的PH Artichoke共有72枚葉片，造型有如一棵松果。3：Louis Poulsen於1958年出品的代表作PH5，由保羅・漢寧森設計。

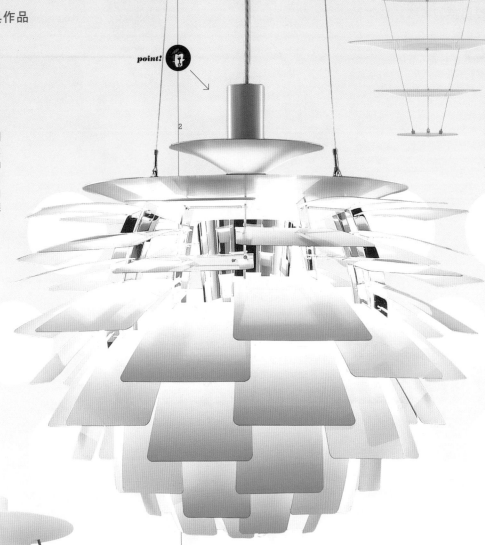

3

設計師保羅・漢寧森（1864～1967）從1924年起展開與Louis Poulsen長達40多年的合作關係，攜手開發出100多項極具北歐風格的優美燈具，至今仍深受世人喜愛。

check.01

提到燈具名作，絕不能不提保羅・漢寧森的這件知名作品！

▶▶▶ **1899** |丹麥| 🇩🇰|

GETAMA

【哥特姆】

持續致力於精緻設計

Ⓖ ETAMA於1899年成立於丹麥，最初只是一間販售腳墊的公司。1950年取得漢斯·J·威格納（Hans J Wegner）的家具經銷權之後，開始了至今數十年追求精緻家具的製造生涯。2000年時與國際知名建築師娜娜·迪茲耶魯（Nanna Ditzel）合作，發表新式沙發設計。在守護傳統同時，也尋求新的可能性。代表作有威格納的安樂椅GE-290A與坐臥兩用沙發258等。

1：威格納的安樂椅GE-290A，兼具優雅設計與卓越的穩定性。2：威格納所設計的三人座沙發GE2903，具有溫暖的設計魅力。

▶▶▶ **1908** |丹麥| 🇩🇰|

point! →

Carl Hansen & Son

【卡爾·韓森父子公司】

說到Y字椅，就聯想到這家製造商

❶ 908年於丹麥成立的Carl Hansen & Son。1938年，從製作溫莎（Windsor）式家具為開端，1949年開始和漢斯·J·威格納合作生產家具作品，隔年便推出其經典設計「Y字椅」。之後Carl Hansen & Son也繼續支持喜愛運用木材進行創作的威格納設計，到今日還負責威格納設計椅的生產與銷售事項，連50年前生產的椅子，至今仍受理維修。

check.02
一路與家具大師漢斯·J·威格納合作，生產出許多知名椅款。

1：Y字椅的名稱取自椅背的Y字造型。2：安樂椅CH25。3：也能當成長邊桌使用的空間主桌CH002。

漢斯·J·威格納生前曾設計過500多款椅子，有些作品也被紐約現代美術館收為館藏。左圖即為威格納本人坐在自己設計的Y字椅上留下的紀念照。

▸▸▸ **1911** │丹麥│ ▊▊▊ │

FREDERICIA

【弗雷迪里西亞】

經手過許多包艾‧莫恩森的知名設計

收購1911年以生產椅子起家的製造商—弗雷迪里西亞‧史托爾法柏列克（Fredericia Stolefabrik）公司，於1955年正式成立的丹麥家具商FREDERICIA。當時年僅30歲的年輕董事長—安德列斯‧葛蘭巴森（Andreas Graversen），採用熟悉的設計師包艾‧莫恩森（Borge Mogensen）之作品經營企業，之後也發表了許多莫恩森的知名設計創作。結合橡木與天然皮革的高品質座椅，更是令人驚歎。1995年後由安德列斯的兒子湯瑪士‧葛蘭巴森（Thomas Graversen）接任董事長。

point!

point!

1：FREDERICIA復刻設計師包艾‧莫恩森之作—狩獵椅。2：女性設計師娜娜‧迪茲耶魯（Nanna Ditzel）的Trinidad Chair。3：包艾‧莫恩森名作西班牙椅，由一枚皮革製成。4：包艾‧莫恩森為自宅設計的三人座沙發。

2

3

包艾‧莫恩森的作品簡潔又富機能性，價格平實而品質優良，這都是基於他希望為民眾帶來平價美好設計所做的努力。

4

▶▶▶ **1923** │美國│ 🇺🇸│

Herman Miller

【哈曼‧米勒】

因伊姆茲夫婦而廣為人知的五〇年代梟雄

Ⓗ erman Miller家具商成立於1923年，致力於現代家具製作。1945年喬治‧尼爾森（George Nelson）出任設計總監，確立品牌的發展方向。之後以查爾斯和蕾依‧伊姆茲（Charles & Ray Eames）、野口勇等設計師作品，掀起五〇風潮，風靡一世。所推出的高機能辦公椅Aeron Chair，以嶄新設計與卓越機能性廣受全球家庭與公司喜愛。

point!

1：伊姆茲的殼型扶手椅。2：Herman Miller家具商的人體工學代表作Aeron Chair。3：伊姆茲的附腳凳躺椅，受世界各大美術館收藏。4：喬治‧尼爾森的棉花糖沙發，以新穎的通俗性設計獲得評價。

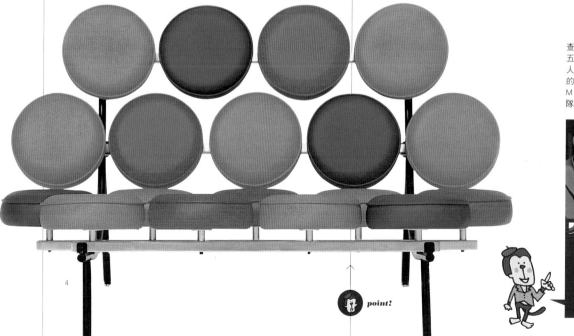

查爾斯和蕾依‧伊姆茲是五〇風潮的代表人物，兩人在建築師喬治‧尼爾森的介紹下加入了Herman Miller家具商的設計團隊，活躍於設計界中。

check.03

奠定五〇風潮的時代寵兒伊姆茲夫婦，兩人合力創造許多名作。

point!

▸▸▸ **1927** │ 義大利 │ ▮▮

CASSINA

【卡西納】

以復刻家具出名

❶ 1972年，由沃貝爾特（Umberto）與契札雷・卡西納（Cesare Cassina）兄弟一起創業，其家族的工藝製作歷史，可以回溯到1650年，被稱為是世界首間結合設計師，推出設計家具作品的廠商。後來與建築師吉歐・波提（Gio Ponti）合作超級雷傑拉（Super leggera）座椅，因此熱賣而躍升為頂尖的知名品牌。接下來也接受近代建築巨匠柯比意（Le Corbusier）的作品製造委託，開始生產卡西納巨匠系列（Cassina: I Maestri）。

1：荷蘭設計師瑞特威爾德（Gerrit Thomas Rietveld）的Z型椅，是紐約現代美術館的永久館藏。2：柯比意的椅子名作－LC2大型舒適椅，風格別具。

check.04
柯比意大師是對室內設計有興趣的人一定要認識的人物！

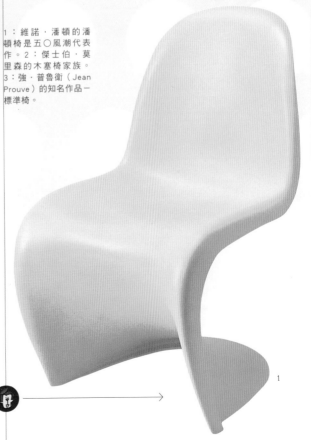

▸▸▸ **1934** │ 德意志 │ ▬▬

vitra

【威德拉】

擁有為數眾多的五〇風潮代表作

公 司名稱源自拉丁語「陳列架」之意，由威利・費魯包姆（Willy Fehlbaum）於1943年創業，1950年在德國正式成立公司，早期以製作店面用的擺設等為主。1957年在歐洲開始販售伊姆茲的設計家具，接著也引進了喬治・尼爾森（George Nelson）、維諾・潘頓（Verner Panton）等五〇風潮設計大師的作品。後來並代理傑士伯・莫里森（Jasper Morrison）、菲力浦・史塔克（Philippe Starck）等作品。另外也推出經典作品1:6比例的迷你版系列。

1：維諾・潘頓的潘頓椅是五〇風潮代表作。2：傑士伯・莫里森的木塞椅家族。3：強・普魯衛（Jean Prouve）的知名作品－標準椅。

point!

馬賽爾‧布羅雅為倫敦
Ventris家族所設計的布羅
雅扶手椅。

ISOKON PLUS

【愛索肯】

復刻馬賽爾‧布羅雅的歷史名作

① 935年由傑克‧普利奇特（Jack Prichard）所設立的英國家具製造商，原來的公司名稱Isokon是Isometric Construction（等量結構）的縮寫。自1936年便以成型合板開始量產販售馬賽爾‧布羅雅（Marcel Breuer）的設計作品，這是時任ISOKON設計總監的瓦特‧格羅佩斯（Walter Gropius）大力推動之下所得的成果。近年以ISOKON PLUS之名重新出發，同時復刻布羅雅等人的經典作品。

▶▶▶ **1935** 芬蘭 ＋

artek

【阿爾鐵克】

由深受芬蘭國民敬愛的設計大師
阿爾瓦‧阿魯多所創立

芬 蘭設計巨匠阿爾瓦‧阿魯多（Alvar Aalto）為量產與販售自己的設計，而與朋友共同成立artek，最著名的代表作品正是阿魯多為聖那托利姆（Paimio Sanatorium）療養院所設計的扶手椅41帕米奧、利用皮革製成座面的扶手椅406、和以天然白樺木材製作的椅凳E60等等。在1976年阿魯多去世之後，依然持續生產阿魯多的經典家具作品。

point!

1：由於扶手椅400的外型頗具份量，因此博得「坦克椅」的暱稱。2：白樺木所做成的三腳椅Stool 60。3：椅背與椅面一體成型的優雅座椅Arm Chair 41 Paimio。

check.05

阿爾瓦‧阿魯多的作品多以令人印象深刻的優美白樺木材為主。

身為artek創辦人，同時也兼具工業設計師與建築師身份的阿爾瓦‧阿魯多擅長使用木材，設計出許多兼具機能美的優雅傑作。

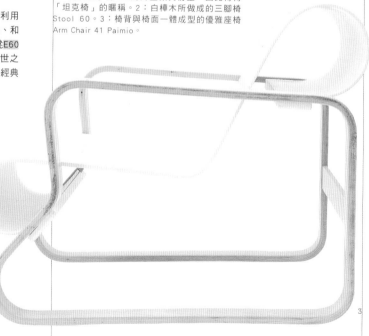

▶▶▶ **1938** | 美國 | 🇺🇸 |

Knoll

【諾魯】

提起Knoll，就想起巴塞隆納椅

point!

point!

㊉ 德國人漢斯‧G‧諾魯（Hans G. Knoll）所創設的家具製造商。諾魯在1937年時前往美國，1938年在紐約成立Knoll。採用密斯‧凡‧德羅（Mies van der Rohe）、耶羅‧沙里涅（Eero Saarinen）、馬賽爾‧布羅雅（Marcel Breuer）和哈利‧貝魯托亞（Harry Bertoia）等人的設計，推出涵蓋包浩斯到五〇風潮之眾多代表性作品，而密斯的知名鉅作巴塞隆納椅（1929年）更是諾魯的經典之作。現在不僅製作住宅家具，也跨足包括辦公室用家具等更多範疇。

point!

德國出生的密斯‧凡‧德羅於1930年出任包浩斯校長，設計許多兼具機能性與造型之美的名作。之後因流亡美國，對五〇風潮造成莫大影響。

1：馬賽爾‧布羅雅的Wassily Lounge Chair。2：耶羅‧沙里涅的鬱金香椅。3：巴塞隆納椅，由設計巴塞隆納萬國博覽會德國館展場的密斯‧凡‧德羅所設計。

▶▶▶ **1940** | 日本 | ● |

Tendo Mokko

【天童木工】

代表日本的現代家具製造商

① 1946年成立於日本山形縣天童市的天童木工，是日本屈指可數的現代家具製造商。尤其在成型合板的運用上，已經做出響亮的名聲。代表作有柳宗理的蝴蝶椅腳凳、坂倉建築研究所／長大作的低座椅子，還有豐口克平的輻射細棒椅等等。光看到這些設計巨匠的作品就能發現，天童木工也是一直支持日本的五〇風潮之中流砥柱，像劍持勇、乾三郎等人製作品。目前是以政府機關、公共設施、辦公室設備和家具等為發展方向。

天童木工很早就開始製作日本知名設計師劍持勇的作品。劍持勇的椅子代表作－Lounge Chair，獲選為紐約現代美術館永久館藏。

1：聞名全球的柳宗理蝴蝶椅，優雅的線條中透露出摩登感。2：長大作任職於坂倉準三建築研究所時所設計的低座椅子，也是天童木工的名作之一。

▶▶▶ **1944** | 美國 | 🇺🇸

emeco

【艾美克】

以純鋁製椅款聞名

❶ 1944年設立於賓西尼亞州的emeco，名稱是取自公司早期Electric Machine and Equipment Company的字首簡稱，從1947年起開始使用。代表作NAVY® 1006是與美國海軍、ALCOA（美國專門製作鋁材的生產商）共同開發，並由emeco負責製作。近年因菲力浦·史塔克（Philippe Starck）推出全鋁製的複設計版本，而引起熱烈討論。

1：基於海軍對椅子「輕便又不會生鏽」之需求而開發出來的NAVY® 1006。2：菲力浦·史塔克為巴黎餐廳所設計的KONG。

▶▶▶ **1946** | 義大利 | 🇮🇹

cappellini

【卡貝利尼】

不斷推出年輕設計師的作品

❶ 1946年成立於義大利的木製家具工廠Cappellini，在第二代老闆喬利歐·卡貝利尼（Giulio Cappellini）之帶領下，1980年開始嶄露頭角。目前以發掘、採用與製作年輕設計師的作品為主，其中包括傑士伯·莫里森（Jasper Morrison）、湯姆·迪克森（Tom Dixon）和勘刻·羊（Michael Young）等等。以精品家具商的形象，逐漸提升國際知名度。

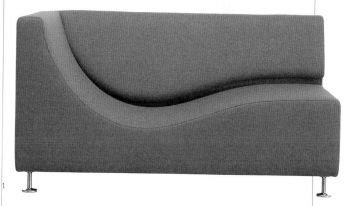

1：傑士伯·莫里森的Three Sofa De Luxe。2：派翠克·諾爾蓋（Patrick Norguet）的扶手椅Rive Doroite。3：模仿吊床所製造的嶄新設計Knotted Chair（繩結椅）。

check.06

這款扶手椅令人印象深刻的眩目織布來自Emilio Pucci的手筆。

1944 ▸ 1951

▸▸▸ **1949** │ 義大利 │ ▮▮▮

Kartell

【卡特爾】

義大利最大的塑膠家具製造商

1 949年成立於義大利。原先是塑膠材料製造商的 Kartell，不僅擁有優秀的塑膠成型技術，也結合當代設計品味，創作出風格獨特的家具。合作的設計師包括了菲力浦·史塔克（Philippe Starck）、隆·阿蘭德（Ron Arad）、維格·馬基史翠提（Vico Magistretti）等人。近年來致力於嘗試新製法，以聚碳酸酯（Polycarbonate）做出一體成型椅子，如瑪莉椅（La Marie）、路易鬼魂椅（Louis Ghost）（皆為史塔克之設計）等作品。

1：以透明的聚碳酸酯結合花布椅面的 mademoiselle（千金椅），是菲力浦·史塔克的作品。2：費魯契·拉比阿尼（Ferruccio Laviani）的Bourgie燈具，是以聚碳酸酯所做出來的劃時代設計。

check.07
這個品牌擁有包括菲力浦·史塔克在內許多知名設計師作品。

菲力浦·史塔克出生於法國巴黎，自 Camondo美術工藝大學畢業之後，進入皮爾·卡登（Pierre Cardin）公司擔任家具設計師，獨立後由 Kartell等製造商為其發表許多作品。

▸▸▸ **1951** │ 義大利 │ ▮▮▮

Arflex

【亞爾弗雷克斯】

義大利家具的代名詞

1 951年創立於義大利的家具製造商，公司名稱取自義大利文的家具「arredameni」和英文的彈性「flexibility」。早期代表作是建築家馬魯可·札努索（Marco Zanuso）所設計的單人沙發「女士椅」（Lady, 1951年），這也是當時與義大利鑽石商皮蕾麗（Pirelli）合作而產生的創意。1969年進軍日本市場，設立分公司Arflex Japan，廣受時尚人士喜愛。

1：優美的女士椅是馬魯可·札努索於1951年設計的作品。2：Marenco 椅是設計師馬力歐·馬雷克（Mario Marenco）突發靈感的同名之作，也是長銷設計。

▶▶▶ **1953** │ 丹麥 │ 🇩🇰 │

PP Mobler

【PP莫伯勒】

以職人的精美木製家具出名

這 以生產漢斯·J·威格納（Hans J Wegner）木製作品，包括：The Chair、孔雀椅（Peacock Chair）、衣帽架椅（Valet Chair）等聞名的丹麥家具製造商。創立於1953年，至今依然維持約20人的小規模，但是高明的手工技術獲得了全世界極高評價。使用的材料以

木材佔85%最多、織品布料與皮革為13%，而金屬和其他材料只佔2%的比例。雖然現在的製作過程中也會用到NC機器，但是細節還是由工匠一一親手仔細完成，流露精緻質感。另外像保羅·凱亞荷魯姆（Poul Kjærholm）的木製家具，最早也是委託這裡開始製作。

1：威格納宛如藝術品的傑作Valet Chair（衣帽椅）。2：The Chair是名椅中的名椅，擁有優雅的曲線。3：威格納將英國傳統座椅重新設計的Peacock Chair（孔雀椅），由PP Mobler出品，優美的木製線條引人注目。4：PP-240相當注重細節設計，連扶手都特意裁削成往外延伸的造型。

1

check.08

PP Mobler也經手製作了許多漢斯·J·威格納的知名作品喔！

4

3

2

▶▶▶ **1954** | 義大利 | ▮▮ |

Zanotta

【薩諾塔】

發表過許多新潮前衛的作品

① 954年Zanotta以製作沙發做為家具事業的起點，公司名稱是取自創立者阿雷里奧‧薩諾塔（Aurelio Zanotta）之名。自1960年代開始與前衛設計師合作，推出許多新潮藝術型態的作品，代表作有在皮袋之中灌滿保麗龍塑膠球，而沒有固定形狀的沙克椅（Sacco），和利用塑膠製作灌入空氣如同浮袋的飄浮椅（Blow）等。其他還有阿奇雷‧卡斯丁紐羅（Achille Castiglioni）、安佐‧馬利（Enzo Mari）和馬魯可‧札努索（Marco Zanuso）等人所設計之許多知名作品。

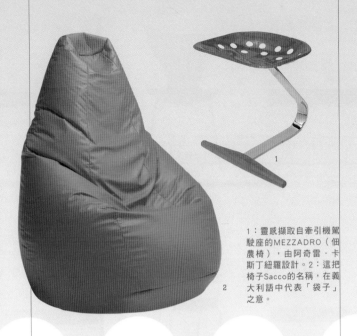

1：靈感擷取自牽引機駕駛座的MEZZADRO（佃農椅），由阿奇雷‧卡斯丁紐羅設計。2：這把椅子Sacco的名稱，在義大利語中代表「袋子」之意。

▶▶▶ **1960** | 瑞士 | ✚ |

USM

【USM】

不媚俗、堅守系統家具的開發

來 自瑞士，專門生產高級辦公室家具的廠商。1960年時推出建築家菲立茲‧哈勒（Fritz Haller）所開發的「USM哈勒系統辦公家具」，也因此躍升為知名的系統辦公家具名牌。在瑞士發展了40年，1983年由日本的代理商Inter Office（原哈勒日本分公司），直接將此系統辦公家具引進日本，進軍日本市場也已超過20年，包括諾曼‧福斯特（Norman Foster）與理查‧羅傑斯（Richard Rogers）等知名建築師都大力稱讚。

1：USM哈勒系統家具，可利用規格化的單元家具組合成自由空間。2：卓越的可變化性使得USM辦公家具大受歡迎，能有效利用辦公室空間。

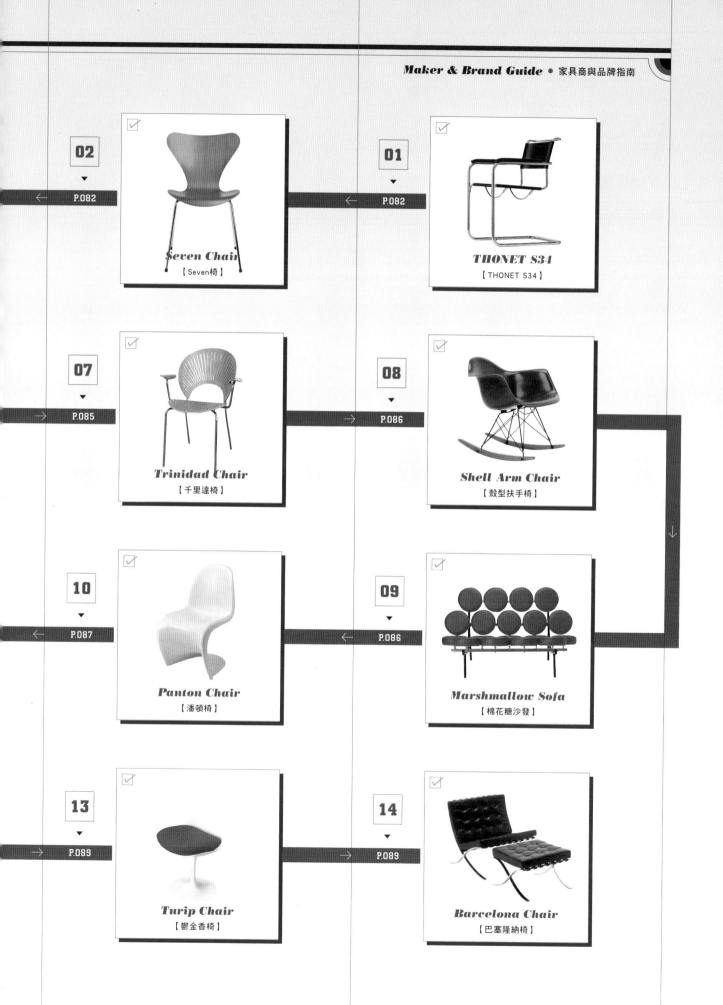

02　← P.082
Seven Chair
【Seven椅】

01　← P.082
THONET S34
【THONET S34】

07　→ P.085
Trinidad Chair
【千里達椅】

08　→ P.086
Shell Arm Chair
【殼型扶手椅】

10　← P.087
Panton Chair
【潘頓椅】

09　← P.086
Marshmallow Sofa
【棉花糖沙發】

13　→ P.089
Turip Chair
【鬱金香椅】

14　→ P.089
Barcelona Chair
【巴塞隆納椅】

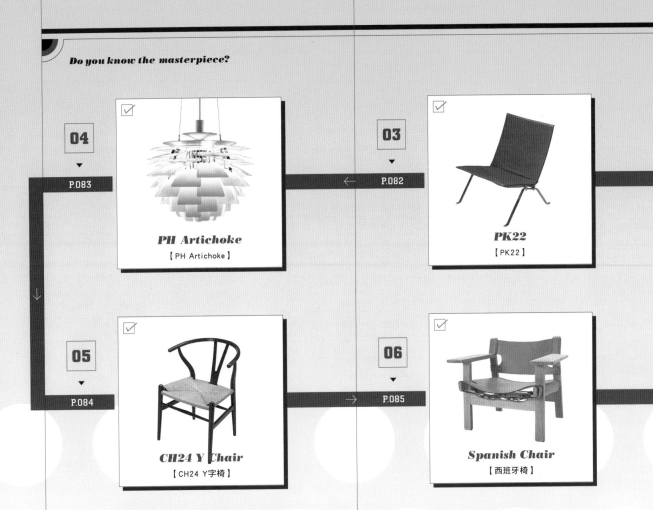

04 ▼
P.083

PH Artichoke
【PH Artichoke】

03 ←
P.082

PK22
【PK22】

05 ▼
P.084

CH24 Y Chair
【CH24 Y字椅】

06 →
P.085

Spanish Chair
【西班牙椅】

Do you know the
masterpiece?

你記住多少名椅作品了？

這些名椅是由誰設計的呢？翻到下一頁看看答案吧！
如果有不知道的作品，可參考旁邊標示的頁碼查看詳細介紹！

▶ 也可以參考本章節裡 🐵 猴子老師的 *point* 喔！

11 ▼
P.088

Arm Chair 400
【400扶手椅】

12 →
P.089

Wassily Lounge Chair
【Wassily休閒椅】

你不可不認識的知名設計師們

想當一個名作達人，就不能不知道這些設計出經典名作的設計大師！

05 ▼ P.084

Hans J Wegner
【漢斯‧J‧威格納】

生於丹麥，曾任職於阿魯涅‧雅珂柏森建築事務所，負責歐胡（Århus）市政府家具設計。獨立後活躍於各項領域，發表過The Chair與Y字椅等名作。

04 ▼ P.083

Poul Henningsen
【保羅‧漢寧森】

生於丹麥，一開始以建築師身份活動，之後與Louis Poulsen合作，開發多款經典照明設計。包含PH5在內的許多北歐燈具名作，幾乎全出自他的手筆。

03 ▼ P.082

Poul Kjærholm
【保羅‧凱亞荷魯姆】

生於丹麥，曾任職威格納的設計事務所，51歲辭世時已創造出50多件家具作品。其中多以木質為主，但亦留下多件鋼管與皮革名作。

02 ▼ P.082

Arne Jacobsen
【阿魯涅‧雅珂柏森】

生於丹麥，以家具設計師的身份為人熱知，但亦以建築師身份設計過許多知名的建築作品，並以從室內到細部產品的全面化設計而聞名。

01 ▼ P.082

Mart Stam
【馬魯特‧史丹姆】

生於荷蘭，1926年設計出世界上第一把懸臂椅S34。曾經擔任包浩斯學院客座教授，後以建築師的身份活躍於俄國與阿姆斯特丹等地。

10 ▼ P.087

Verner Panton
【維諾‧潘頓】

生於丹麥，曾任職於阿魯涅‧雅珂柏森建築事務所。搬到瑞士之後，活躍於多國設計界，創作出潘頓椅等色彩鮮明令人印象深刻之作品。

09 ▼ P.086

George Nelson
【喬治‧尼爾森】

生於美國，不只參與室內設計外，亦擔任建築雜誌總編與Herman Miller家具商之設計總監。除發掘出伊姆茲夫婦才能外，個人亦留下多項名作。

08 ▼ P.086

Charles&Ray Eames
【查爾斯和蕾依‧伊姆茲】

大學主修建築的查爾斯在1940年與因與耶羅‧沙里涅共同發表椅子設計而名聲大噪。隔年與蕾依結婚之後，攜手活躍於設計與其他多項領域中。

07 ▼ P.085

Nanna Ditzel
【娜娜‧迪茲耶魯】

生於丹麥，2005年辭世。除家具之外，亦曾發表珠寶及織品傑作。1989年起由家具商FREDERICIA為其發表多項作品，並曾因卓越設計獲頒ID大賞。

06 ▼ P.085

Borge Mogensen
【包艾‧莫恩森】

生於丹麥，曾進入皇家藝術學院家具科學習，並擔任丹麥家具公會主席。一生致力於設計簡樸實用，且富機能性的平民家具。與威格納是好友。

將圖像旁的號碼對照前頁的椅子編號，往前複習各大師的作品！

14 ▼ P.089

Mies van der Rohe
【密斯‧凡‧德羅】

生於德國，由工地學習建築，在作品中大膽使用鋼骨與玻璃等材質。1929年發表巴塞隆納椅。流亡美國時，受邀擔任伊利諾工業大學建築學院院長。

13 ▼ P.089

Eero Saarinen
【耶羅‧沙里涅】

生於芬蘭，13歲時移居美國，曾在其父擔任校長的Cranbrook Academy of Art（格蘭布魯克藝術學院）中任教。除家具作品外，亦曾設計紐約甘迺迪機場。

12 ▼ P.089

Marcel Breuer
【馬爾賽‧布羅雅】

生於匈牙利。包浩斯首任校長Walter Gropius對其才華大為欣賞，延攬為該校第一批學生。曾發表過包含瓦西利椅在內的許多鋼管家具作品。

11 ▼ P.088

Alvar Aalto
【阿爾瓦‧阿魯多】

生於芬蘭，任職瑞典建築事務所之後獨力開業。曾設計許多公共建築與住宅名作，所經手的家具設計亦多為名品，是深受芬蘭國民推崇的設計巨匠。

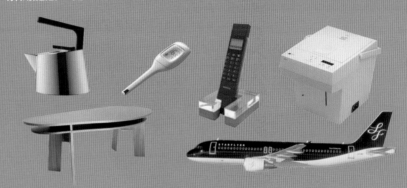

HO PUBLISHING 樂活文化

樂活文化事業

郵政劃撥:50031708　電話:(02)2325-5343
戶名:樂活文化事業股份有限公司
地址:台北市106大安區延吉街233巷3號6樓

Q&A

從初學到進階皆適用！

選購設計家具

 秘訣 大公開！

絕不後悔的選擇！
設計家具名作

想要有一個風格獨特的房間，就不能缺少具有存在感的家具。
選出適合你的、獨一無二的家具吧！
以下就以問與答形式，為您公開聰明挑選椅子、燈具、各式設計家具的秘訣！

一起來
尋找能融入
家居生活的
設計吧！

P.126~

OTHERS

其他

Q.我想找張特別的桌子。

Q.小房間就不能擺桌子嗎？

Q.不同材質，就會給人不同感覺嗎？

Q.有沒有小房間裡也能用的設計？

Q.有沒有比較有趣的收納用品？

Q.有沒有什麼好辦法可以讓房間面目一新？

Q.我想稍微改變一下房間的氣氛……

Q.我在找能增添房間風味的小物品。

P.107　　P.107　　P.106　　P.109　　P.107　　P.102

P.108　　P.107　　P.107　　P.113　　P.110　　P.105

P.109　　P.102　　P.109　　P.110　　P.104　　P.111

P.114　　P.112　　P.104　　P.103　　P.106　　P.109

P.112　　P.109　　P.106　　P.108　　P.109　　P.110

房間主角，非它們莫屬！

CHAIR

椅子

沙發、扶手椅、安樂椅、餐桌椅……

椅子是決定房間風格最重要的主角，
依機能、設計、房間的調性，仔細比較過後挑選一把適合自己的椅子吧！

你最喜歡的
椅子是
哪一款呢？

P.112
P.113
P.113
P.113
P.107

P.115
P.115
P.115
P.108

P.111
P.106
P.106
P.111

P.104
P.104
P.105
P.112
P.109

P.103
P.103
P.104
P.111
P.108
P.112

P.109
P.103
P.103
P.103
P.111
P.112

P.105
P.110
P.108
P.102
P.102
P.112

P.109
P.102
P.104
P.104
P.105
P.113

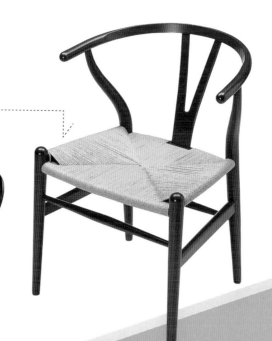

A

全世界
銷售最佳的
設計椅款！

◀

CH-24 Y Chair
Y字椅

名稱來自椅背的Y字木頭造型，在全世界已經銷售超過70萬張，是款不朽名作。

*
Hans J Wegner
W550×D520×H720mm
SH420mm

▶

Thonet 214
214

這款自Thonet的曲木技術孕育而成的長銷名椅，自1859年問世以來，已在全世界創下生產2億多張的佳績。

*
Hans J Wegner
W430×D520×H840mm
SH460mm

A

簡潔的造型中
富藏童心的
創意設計！

Q1

我想找
造型簡潔的椅子
有沒有什麼好建議？

◀

Zig-Zag
Zig-Zag

藉由在椅腳45度銳角內側填塞木頭以補強椅子所需強度，設計簡潔。可堆疊收納。

*
Gerrit T. Rietveld
W370×D430×H745mm
SH430mm

A

被MoMA選為
永久館藏的
名椅！

A

令人驚艷的萬能椅款
能當衣架也能收納

▶

DCM
Dining Chair Metal

這款伊姆茲於1946年發表的合板系列設計，有著鐵製椅腳，被紐約現代美術館列為永久館藏。

*
Eames
W514×D535×H775mm
SH464mm

Valet Chair
衣帽架椅

Valet為衣帽架之意，這款椅背能吊掛上衣，椅面掀開可掛褲子，椅子下方的空間還能收納物品。

*
Hans J Wegner
W500×D500×H950mm
SH450mm

絕不後悔的選擇！
設計家具名作 **Q & A**

木質椅款

chair

| POINT! |

▶
Seven Chair
Seven椅

問世50年以上銷售超過500萬張的超熱賣北歐名椅。造型簡單，椅面材質、顏色選擇繁多。

*
Arne Jacobsen
W480×D480×H770mm
SH440mm

▶
Maui
Maui

這款高機能椅，椅背與椅面一體成型，兼具了強度與耐久性。

*
Vico Magistretti
W550×D520×H770mm
SH450mm

Ⓐ
小房間也適用！
能**堆疊收納**的
設計椅款

Ⓐ
推薦給想要
坐得**舒適**的人

▶
J39
J39

這款椅子的紙藤椅面全由職人以手工精心編織而成，越坐越舒服，同時也兼具耐久性與強度。

*
Hans J Wegner
W480×D420×H760mm
SH445mm

▶
Side Chair NO.130
邊椅No.130

這款可疊放的椅子，椅背與椅面由塑膠繩捆捲形成。略微張開的後椅腳，使收納更方便。

*
W435×D550×H830mm
SH440mm

Ⓐ
造型簡潔
又**輕便**的椅子

◀
Superleggera
超輕量椅

這款超輕量級的椅子僅重1.7kg，採用白蠟樹材質。椅腳設計成三角形斷面，在各個細節都相當用心。

*
Gio Ponti
W405×D450×H830mm
SH445mm

▶
Bellini Chair
貝里尼椅

這款形似Mario Bellini代表作Cab的椅子，以FRP材質製成，量輕平價，還可以放在室外使用。

*
Mario Bellini
W455×D490×H935mm
SH465mm

Easy Chair
安樂椅

3道銅管在椅腳處
形成了三角剖面的
支架，椅背也設計
成三角剖面。

＊

W775×D735×H710,
SH435mm

775mm
710mm

Arm Chair 400
扶手椅400

這款被暱稱為「坦克椅」
的沙發，採用班馬紋椅面
及厚實的扶手造型，令人
印象深刻。

＊

Alvar Aalto
W770×D770×H650,SH370mm

770mm
650mm

Orion
獵戶座

這款造型新穎，讓人聯想起太空
船的椅子是此系列作品中的其中
一款，純白的設計也讓人沉醉。

＊

Mattew Hilton
W940×D825×H840,SH450mm

940mm
840mm

我想要沙發
可是空間又不夠……

LIV Stool
LIV凳

三支椅腳上放著宛如抱枕般
的坐墊，坐起來軟綿綿，不
可思議的設計極具魅力！

＊

Jonas Bohlin
W700×D400×H600mm

700mm
600mm

770mm

A

這些坐起來舒服
又不佔空間的沙發
您意下如何？

Moorea
Moorea

這款柔軟舒適的單人沙發，
不管擺在什麼房間裡都很適
合，藍色也讓人心情沉靜。

＊

Vico Magistretti
W600×D580×H790,SH480mm

790mm
580mm
600mm

Barcelona Chair, Barcelona Stool
巴塞隆納椅‧腳凳

這是1929年擔任巴塞隆納萬國博覽會德國
館設計的密斯‧凡‧德羅，為西班牙國王所
設計的安樂椅。

＊

Mies van der Rohe
W755×D756×H755,SH446mm（Chair）
W585×D615×H400mm（Stool）

755mm
755mm
756mm
615mm
585mm
400mm

F. Knoll Arm Chair
F.Knoll扶手椅

柱狀的鋼鐵椅腳展露出俐落的風味，搭配上
柔軟厚實的坐墊，流露出一股復古感。

＊

W830×D820×H770,SH440mm

820mm
770mm
830mm

椅子

chair

Wire Chair DKR-2
鋼絲椅DKR-2

將右圖椅款改以鋼絲構成，
並鋪上被稱為「鑽石椅面」
的坐墊，普普風格濃厚。

＊
Charles & Ray Eames
W490×D400×H830,SH440mm

Side Shell Chair DSS-N
殼形邊椅

考慮到擺放在公共場所時的
需求，在椅腳處加裝了連結
設計，就算排成一長排也不
會顯得凌亂。

Charles & Ray Eames
W670×D590×H800,
SH450mm

Question about chairs

有沒有
耐用的
設計椅款？

Q 3

A

何不考慮來張造型簡單
又容易打理的
Eames 椅款？

Arm Shell Chair LAR
殼型扶手椅

藉由FRP材質，實現了將椅面、椅
背與扶手一體成型的可能性。

＊
Charles & Ray Eames
W635×D622×H622,SH410mm

Side Shell Chair DSR
殼型邊椅DSR

這款椅子在日本引爆伊姆茲風潮，
最初以FRP材質製成，後來改為玻
璃纖維，至今仍持續生產中。

＊
Charles & Ray Eames
W500×D520×H780,SH440mm

伊姆茲設計的聰明變化

可以更換椅腳
自由搭配！

有 些人可能會覺得「好像
在哪裡看過不同椅腳的
組合」。沒錯！伊姆茲殼型椅
的魅力之一就在於椅腳的多變
組合！以下4種椅腳，搭配不同
的椅面設計可以變化出16種不
同造型！

Stacking Base，可
垂直推疊收納，也
可橫向並排。

Eiffel Base，因形
似艾菲爾鐵塔而得
此名。

Low Rod Base，
細長的桿狀設計相
當優美。

Rocker Base，在
艾菲爾椅腳上加裝
木製搖椅桿。

Question about chairs

有沒有

坐起來很**舒服**的

椅子？

The Chair
The Chair

利用研磨技術，從椅背到椅面一體成型，充分展現出木頭曲線之美。

Hans J Wegner
W630×D520×H760
SH440mm

A

這兩款椅子
最能展現
優雅的扶手曲線

A

想不想坐在
彈性良好的
編織椅上呢？

Arm Chair
扶手椅

扶手椅兩邊各以兩枚U字組件結合，在獨創性中滿足結構合理性，創造出極佳的彈性。

*

**Rud Thygesen &
Johnny Sorensen**

Chair 45
Chair 45

這款芬蘭建築巨匠阿爾瓦·阿魯多設計的扶手椅，與身體接觸的部份以布緞編織而成，舒適度卓越。

Alvar Aalto
W610×D600×H790
SH820mm

Arm Chair
NO.T760PF
扶手椅NO.T76-PF

這款由澳洲建築師約瑟夫·霍夫曼（Josef Hoffman）的扶手椅，採取前腳支撐扶手的設計。

*

Josef Hoffman
W570×D580×H720,SH440mm

A

越坐越有味道的
一款**皮椅**

2226 The Spanish Chair
2226西班牙椅

這款造型沉穩的木椅是包艾·莫恩森的代表作，模仿自西班牙貴族所使用的單枚皮革木椅。

*

Borge Mogensen
W830×D680×H620,SH350mm

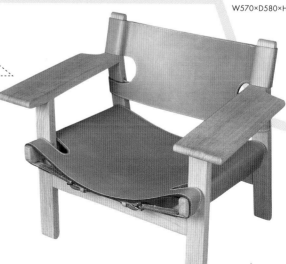

絕不後悔的選擇！
設計家具名作 **Q & A**

椅子
chair

▶
Morris Chair
Morris Chair

深廣的椅面與寬廣傾斜的原木
扶手，坐起來很舒服。

*
Gustav Stickley
W730×D950×H990,SH420mm（Chair）
W480×D380×H380（Stool）

Ⓐ

推薦給
想在椅子上
悠閒度日的人

◀
Kings Furniture
Kings Furniture

這款線條優雅的藤編
安樂椅與椅凳，坐起
來極為舒適，可以在
上頭悠閒度過一整天
的時光。

*
Rud Thygesen &
Johnny Sorensen

Ⓐ

可以自由
調整角度的椅子！

▲
PK25
PK25

以網線來回旋繞，織
成平整的椅背與椅
面，北歐家具的簡潔
機能性表露無遺。

*
W700×D745×H735
SH395mm

▶
Minister
使節椅

這是一生中持續創作出
許多著名家具的Bruno
Mathsson的最後設計，也
可說是生涯集大成之作。

*
Bruno Mathsson
W620×D810×H1060
SH300mm

Ⓐ

包覆性良好的椅子
就是這兩款！

▶
PK24
PK24

在所有能調整角度的
躺椅中，這款最能表
現極簡精髓的設計。
由Fritz Hansen公司於
1965年開始量產。

*
W1550×D670×H140～870mm

◀
EVA
EVA

這張安樂椅依人體型設計而成，極符合
人體工學，有不同色彩可選。

*
Bruno Mathsson
W610×D710×H820,SH390mm

▶ **Red&Blue**
紅藍椅

將椅背、椅面、扶手及斷面各塗上不同顏色，隨著觀看角度不同，產生椅深不同的錯覺，非常有趣。

*
Gerrit Thomas Rietveld
W655×D835×H880,SH330mm

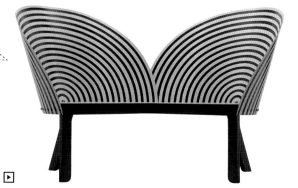

▶ **Bench for Two**
雙人長椅

這款亮麗的長椅是娜娜‧迪茲耶魯的作品，造型如蝶翼般的雙人椅，椅背與椅面皆使用了飛機用的薄合板。

*
Nanna Ditzel
W1500×D700×H980
SH400mm

◀ **Panton Chair**
潘頓椅

這款1960年問世的劃時代作品，是世上第一把一體成型的塑膠椅。方便堆疊的優雅造型，視覺效果強烈。

*
Verner Panton
W490×D580×H840,
SH420mm

▲ **Pastille/Gyro**
錠片椅

以糖果為設計概念，跟下圖的番茄椅一樣都能浮在水上。由於底座圓滑，坐起來可以像搖椅一樣輕輕搖晃。

*
Eero Aarnio
W850×D850×H600mm

A
想要明顯亮眼的單品
一定要選塑膠材質！

▶ **Tomato Chair**
番茄椅

設計者為了讓錠片椅更加安定，而加上兩個扶手與靠背，形成了這張能浮於水面的番茄椅。

*
Eero Aarnio
W1200×H900×650,SH300mm

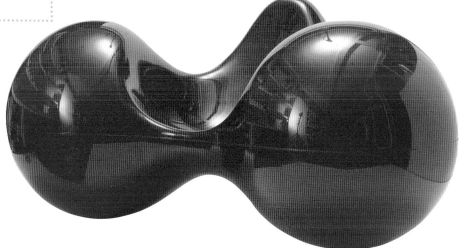

絕不後悔的選擇！
設計家具名作 Q&A

個性派名椅
chair

Pantonic 5000
Pantonic 5000

這款由挪威Hag公司委託維諾·潘頓設計的椅子，以合板一體成型，並以奇妙的造型與亮眼的色彩為其獨特之處。

*
Verner Panton
W445×D450×H900,SH440mm

GR-201
GR-201

這款漢斯·J·威格納在80年代發表的後期設計，整體以白色為主，完成度相當高。

*
Hans J Wegner
W555×D550×H700,
SH380mm

GE-460
GE-460

這款作品是為了慶祝威格納90歲生日而設計，以紅色扶手搭配橫條紋布面，充滿童趣。

*
Hans J Wegner
W640×D710×H690,
SH390mm

A

木製椅款也可以
色彩繽紛！

Pantonic 5020
Pantonic 5020

這椅款背部造型宛如鴨嘴，是Pantonic5000的變形版。造型雖然繁複，但結構良好，可堆疊收納。

*
Verner Panton
W445×D450×H900,SH440mm

Perriand Chair S-7260B
Perriand椅

這款椅子從椅背、椅面至椅腳全部只以一枚合板製成，在1955年發表後，優雅連續的線條震撼了當時的家具界。

*
Charlotte Perriand
W440×D520×H63.5,SH435mm

Thonet 214
214

非常典型的歷史名椅—Thonet 214系列，圖為非常罕見的紅色版。

*
Hans J Wegner
W430×D520×H840,SH460mm

Mezzadro
Mezzadro

這是卡斯丁紐羅兄弟於1957年發表的作品，以農耕機座椅為獨特構想及懸臂腳椅為最大特色。

*
Achille & Pier Giacomo Castiglioni
W490×D510×H510mm

Side Chair NO.151
邊椅NO.151

單柱椅腳的設計非常精細，由圓形的底盤上延伸出細長的腳柱，椅面也可旋轉。

*
Eero Saarinen
W490×D560×H810×
SH460mm

Arm Chair NO.150
扶手椅NO.150

椅背往扶手處延伸的包覆性設計，非常具有注重舒適度的設計師沙里涅特色。椅面可旋轉。

*
Eero Saarinen
W670×D590×H815×
SH460mm

A 想要**顯眼**的設計
就選這個！

Heart Cone Chair
心型圓錐椅

大膽的心型設計非常獨樹一格，使用伸縮針織布料，使得乘坐的舒適度比想像中來得好。單點承重的結構是劃時代的嶄新設計。

*
Verner Panton
W840×D738×H786,
SH420mm

Marshmallow
棉花糖椅

宛如棉花糖般18個圓滾滾的椅墊，讓人過目難忘。連安迪沃荷（Andy Warhol）都受到這款作品的啟發。

*
Jeorge Nelson
W1321×D737×H788,SH407mm

Q 6

Question about chairs

有沒有款式大方、
能當成**空間主角**的椅子？

Pelican Chair
鵜鶘椅

這款由以雕塑感強烈的木椅設計聞名的芬恩·尤魯操刀的椅子，模仿鵜鶘展翅時的造型，渾圓的設計相當可愛。

*
Finn Juhl
W870×D780×H720,SH380mm

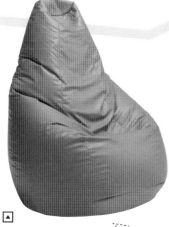

Sacco
沙克

這是現今常見的滾珠沙發的原型，也是Zanotta公司的代表作品，「Sacco」字面意思在義大利語中是指「袋子」。

*
Piero Gatti, Cesare Paolini & Franco Teodoro
W800×D800×H680mm

A 重視造型與舒適度的你不妨嘗試這種有點**奇特**的設計！

絕不後悔的選擇！
設計家具名作 Q & A

椅子
chair

Coconut Chair
椰子椅

以宛如切開的椰子殼般的造型為其特徵，
椅面由單枚皮革製成，包覆性極佳。

*
George Nelson
W860×D950×H1070,
SH370mm

A 想走酷帥有勁風
就選這款！

Diamond Chair
鑽石椅

這是雕塑家哈利·貝魯托亞的代表作，三次元加工的格狀鐵網，宛若雕刻作品。

*
Harry Bertoia
W835×D720×H775,SH400mm

A 能獨坐、能共乘
也能躺臥的
萬能椅款

La Chaise
躺椅

這是學習抽象藝術出身的蕾依·伊姆茲最喜愛的作品，名稱源自對蕾依在工藝製作上影響最深的雕刻家Gaston Lachaise之名。

*
Charles & Ray Eames
W1500×D825×H850, SH370mm

Globe Chair
球椅

這張皮耶·波林設計的單腳椅，在頗富個性的極簡設計中，蘊藏一股獨特的魅力，讓房間瞬間變得柔和。

*
Pierre Paulin
W740×D860×H830,SH450mm

UP5
UP5

這款模仿女體、造型奇特的椅子，購入時是放在真空包裝裡，用剪刀剪開包裝後會「嘩」一下的膨脹起來。

*
Gaetano Pesce
W1200×D1300×H1030,SH420mm

A 想要優雅的氛圍
建議選擇
這些椅款

A 也有可以
輕巧摺疊的椅子喔！

▶ Plia Chair
Pila Chair

這款被視為現代摺疊椅的原型設計，自1969年問世以來，一直在全球廣獲喜愛。

W470×D505×H750,SH455mm

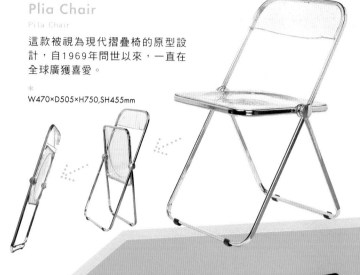

◀ ZDOWN Chair
ZDOWN Chair

梯型椅背越往上越寬廣，椅面也夠大，是摺疊椅界的舒適版。

*
W680×D550×H740mm

▼ Eames Sofa Compact
Eames Sofa Compact

這款令人印象深刻的鮮紅椅子，是將伊姆茲夫婦為自己在大西洋岸的家設計的椅子量產的作品。

*
Charles &
Ray Eames
W1843×D800×H890,
SH406mm

A 想不想要一張
能當成床的椅子呢？

Question about Chairs

有沒有什麼
設計很特別
能跟人炫耀的椅子？

Q 7

▶ Classical Chair
經典椅

這是全球第一款塑膠射出成型的成人用椅，考量到可能會放置於屋外使用，在腰部位置挖孔以利排水。椅腳可裝卸。

*
Joe Colombo
W420×D500×H710,SH430mm

A 想要一把有如**手帕**般
輕柔光滑的椅子嗎？

A **戶外**用椅也要
講究設計感！

▶ Handcartif Chair
手帕椅

椅如其名，一體成型的塑膠椅背及椅面，有著手帕皺摺般的細微波紋。

*
Massimo Vignelli
W587×D510×H720,SH425mm

成為名作的訂製椅

這些都是專門為特定目標打造的椅子喔！

▶ Oxford Chair
牛津椅

這是為英國牛津大學所設計的牛津椅，在成型合板上安裝皮革椅座。

*
Arne Jacobsen
W600×D230×H1250,
SH410〜505mm

▶ Costes
Costes

菲力浦・史塔克的代表作，專為法國巴黎著名咖啡店Costes而設計。

*
Philippe Starck
W475×D550×H800,
SH470mm

RIKI Carton Stool
RIKI瓦楞椅

由於使用紙板製成，非常輕巧。剛推出時以「4張併在一起就能支撐一隻大象的重量」而蔚為話題。

*
渡邊力
φ330×H330,440mm

Elephant Stool
象椅

2004年由Vitra Design Museum以聚丙烯材質復刻這款1956年問世之名作，可堆疊收納。

*
柳宗理
W510×D465×H370mm

The Teiza Chair
低座椅

長大作在為上一代松本幸四郎設計房子時，為滿足對方「想要一把在和室也能舒服坐下來看電視的椅子」而設計出的作品。

*
板倉準三建築研究所／長大作
W550×D665×H650,SH290mm

Question about chairs

有沒有適合擺在
和室的椅子呢？

Q 8

Butterfly Stool
蝴蝶椅

受伊姆茲引起的成型合板椅子風潮影響，於1956年復刻。1958年獲紐約現代美術館收為永久館藏。

*
柳宗理
W420×D310×H387,SH340mm

A

跟日式住宅最搭調的
果然還是
日本設計師的作品

Side Chair T-0507N
小椅子

對北歐設計有深厚研究的水之江忠臣所設計的這款椅子，設計自然極簡成型合板的椅背與椅面弧度都相當舒適。

*
水之江忠臣
W450×D520×H770,
420mm

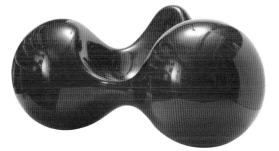

塑膠

塑膠不但輕盈、鮮艷，也能
讓房間氛圍顯得年輕，也比
其他材質來得易打理。

皮革

皮革的魅力就在
於其顏色與質感
越用越有味道。
就算只擺在室內
一角，空間也會
顯得很有質感。

A

要注意不同材質會呈現
不同的空間表情喔！

布

布料除了擁有溫和
的面貌外，粗細不
一的織線也會帶來
截然不同的視覺效
果，在色彩方面也
有很多選擇。

木

木質椅款能營造出
溫暖氛圍，為空間
帶來婉約形象。如
果能善用木紋及原
色加以搭配，更增
添溫婉風味。

關於家具材料的種類

不同材質
味道也完全不同

家具的色彩及觸感有各式各樣的選擇，單是
木質就可分成很多種。以下介紹各種木頭
的顏色、紋路與質感，比較一下它們的特徵，
找找看你喜歡的是哪一種！

山毛櫸　　　　白楊樹

橡樹、櫸樹、柳
樹等木材。

便宜又堅硬，承
受衝擊力強。

木紋明顯，整體
偏白色。

楓木　　　　　白樺

楓木很耐衝撞，
適合做成家具。

強度高、耐久耐
乾燥。

成品表面優美，
但耐久性不佳。

　　　　　柴檀

擁有優秀的耐久
性和快乾性。

拋光後會顯現優
美的光澤。

質感高貴，較其
他木質輕盈。

籐

籐材編織看起來不僅優雅，在
使用上也會隨著時日適應人體
形狀，越坐越舒服。此外，能
帶來涼爽輕盈的視覺效果。

Q 9

Question about chairs

選椅子時
需要注意什麼？

絕不後悔的選擇！
設計家具名作

椅子

chair

實際試坐
確認坐起來的舒適度！

大 部份舒服的沙發，椅面的深度都很夠。一
張不舒服的椅子，只會成為家中的累贅，
因此選購時請多用心！可以選擇雙人尺寸的沙
發及腳凳，這樣坐起來更舒服喔！

你喜歡的顏色
適合你的房間嗎？

就 算是同一款椅子，只要顏色不同，感覺也
會為之一變。因此選購椅子時，不要只挑
自己喜歡的顏色，要想想什麼顏色跟家中陳設
最搭調，這樣才能減少失敗的機會。由於椅子
要長期使用，一開始時建議先從原木色下手。

 or

你看中的沙發
尺寸適合你的房間嗎？

實 際購買時，要注意不要選擇對房間來講太
大的沙發。購買前可以先量好室內尺寸，
想好沙發擺放的位置，以及擺進後室內會不會
顯得太狹小，之後再去家具店挑選。

你挑的餐椅和
你家的餐桌是否搭調？

椅 子的四支椅腳如果能全部收進桌子下，空
間看起來就會比較簡潔，打掃時也比較輕
鬆。而椅腳越少，空間看起來就越大。選擇桌
子時，圓桌也會比方桌看起來清爽。

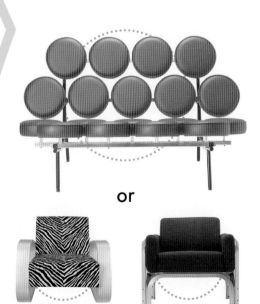

or

P.123

P.123

P.123

P.123

P.123

P.123

P.122

P.122

P.124

P.122

P.124

P.124

P.125

P.125

P.125

P.125

P.125

P.125

P.119

P.125

P.125

P.125

P.125

P.125

P.125

P.122

P.125

P.123

P.125

P.125

P.120

P.124

P.122

P.125

P.121

P.121

P.118

P.119

P.123

P.119

P.119

左右室內氛圍的重要關鍵

LIGHT

燈具

吊燈・立燈・桌燈・壁燈……

燈具是改變室內氣氛的重要關鍵，
一邊想想要在哪邊營造什麼樣的感覺，一邊尋找中意的單品吧！

P.118　　P.120　　P.119　　P.119　　P.125　　P.119

P.118　　P.119　　　　　　　　　P.119　　P.121

你會選擇
哪一盞燈呢？

P.120　　　　　　　P.120　　P.123

P.121　　P.121　　P.121

P.121　　P.120　　P.122　　P.122　　P.122　　P.120

 ▲

PH5
PH5

這件誕生自北歐的吊燈傑
作,除了擁有獨特的造型,
光源反射在曲面上的角度也
經過細心計算。

＊
Paul Henningsen
φ500×H285mm

▶

AJ Royal
AJ皇家燈

這件阿魯涅・雅珂柏森在
1960年發表的傑作,從燈具
上方開口露出的燈光,與經
由內部反射擴散之後落下的
光線,形成了絕妙的平衡。

＊
Arne Jacobsen
φ370×H170mm

(A)

餐廳
適合使用
光源由上向下
照射的吊燈

Question about light

選購燈具時
需要依使用場所
做出不同選擇嗎?

Q 1

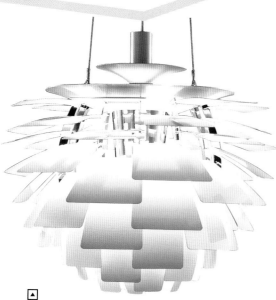

▲

PH Artichoke
PH松果吊燈

這件問世於1958年的名作,靈感來自歐洲常見的松
果,光線經由72枚葉片反射,形成柔和的間接光源。

＊
Paul Henningsen
φ480×H500mm

利用燈具營造室內氣氛

搭配使用2盞以上燈具,調節空間的明暗與張力

協力＝Targetti Poulsen Japan (http://www.louispoulsen.com/)

想 讓家裡流洩慵懶舒適燈
光的話,基本上不能只
靠一盞燈具,把家裡照得明晃
晃的,而要搭配使用2盞以上燈
具。只有一盞燈具,室內光線

太過一致,此時若加進另一盞
燈源,室內就會多了立體感,
氣氛也會變得較沉靜。只要調
暗中央吊燈的光源,室內就能
顯得深邃而立體。

燈具

light

Splugen Brau
Splugen Brau

這是義大利著名設計師卡斯丁紐羅兄弟於1961年發表的名作，內外的雙層波浪鋁罩為它帶來摩登的況味。

*
Achille & Pier Giacomo Castiglioni
φ360×H250mm

NyHavn
NyHavn

以略帶橘子色的銅罩為特色，除了由銅盤間放射出的光芒之外，連結電線的燈罩與縫隙中也會流洩出燈光。

*
Alfred Homann & Ole Kjaer
φ310×H215mm

Jakobsson Lamp P2422
Jakobsson Lamp P2422

出自瑞典極具代表性的燈具設計師Jakobsson之手，以削成薄片的松木片組成的外型為其特色。

*
Hans Agne Jakobsson
φ440×H390mm

SECTO Pendant Lamp
SECTO吊燈

外型以切成細條的白樺木製成，從木條間隙會流露出放射狀的光芒。

*
φ250×H450mm

Beehive
蜂巢

以蜂巢的外型做為設計構想，從5片白色橫片間的細長縫隙中，流洩出條狀的獨特光芒。

*
Alvar Aalto
φ325×H300×L1800mm

Enigma
謎

燈光由頂上往下，透過4片大小各異的壓克力片流洩而出，形成階梯狀的光源，藉由光線遠近形成深邃的效果。

*
內山章一
φ422×H740mm

Le Clint 172B
Le Clint 172B

這盞由丹麥設計天王Poul Christiansen設計的波浪造型吊燈，是丹麥家具商Le Clint的代表作。

*
Poul Christiansen
φ440×H400mm

Jakobsson Lamp C2086
Jakobsson Lamp C2086

Jakonsson的知名作品，由6盞小燈群聚組成，從燈具中擴散而出的光線，帶有溫暖的魅力。

*
Hans Agne Jakobsson
φ657×H265mm

Sputnik
人造衛星

1957年蘇俄領先美國一步發射了人造衛星1號，這件個性獨具的作品，即是在表現這種衝擊感。

*
設計者不明
H480×W710mm

A

客廳可選用
能散發柔和光線的
吊燈

Trilite
三腳燈

可收攏的腳架讓這盞燈
便於更換位置，腳架打
開時，中間的盤子上可
放書本或飲料，使用上
相當方便。

*
Innovator公司
W470×D370×H1280～1360mm

Le Clint 3320
Le Clint 3320

這款附件有伸縮桿的燈具在使用
上很方便，可以當成不會太過明
亮的桌燈，也可作為沙發旁的閱
讀燈。

*
Poul Christiansen
W570～1100×H380mm

AJ Floor Lamp
AJ立燈

這盞阿魯涅·雅珂柏
森於1959年設計的
立燈，在極簡的線條
中透露著一股玩心，
將設計師的個性表露
無遺。

*
Arne Jacobsen
H1300×W325mm

A

在想集中打上光源的地方
擺上 聚焦燈

Parvo Tynell Table Lamp
Parvo Tynell桌燈

出自擅長金工設計的芬
蘭燈具設計師Tynell之手
的這盞嶄新設計，充分
表現設計師的風格。金
黃色的燈罩也添上一抹
復古色彩。

*
Parvo Tynell
W190×D140×H530mm

Question about light

選購燈具時
需要依使用場所
做出不同選擇嗎？

Q1

A

沙發旁
適合擺放這種燈具

Table Stand S2516
桌燈S2516

這盞Jakobsson立燈的桌燈
版，藉由北歐產的松木薄片，
讓光線透射後顯得柔和優雅。
不易燙手的木頭材質，擺得離
自己近一點也沒有關係。

*
Hans Agne Jakobsson
φ360×H490mm

Floor Lamp
立燈

這盞燈源集中往下放
射的立燈，外觀搭
配使用了金銀兩種顏
色色，創造出高雅氛
圍，是女性設計師獨
有的典雅設計。

*
Lisa Johansson
φ430×H1625mm

Panthella Table Lamp
Panthella桌燈

這款丹麥設計師維諾·潘頓
的作品，在燈罩部份大量使
用乳白色壓克力材質，並配
上塑膠底座。

*
Verner Panton
H550×W400mm

燈具
light

AGRAFEE
AGRAFEE

巴黎設計師Serge Mouille自1950年初期起，15年內設計了許多燈具。其作品以自然為意象，充分展現他身為銀飾師傅的技藝。

*
Serge Mouille
W160×H980mm（最大）

TOPO
Desk Lamp
TOPO桌燈

俐落的線條與渾圓的頭部令人印象深刻，燈罩和燈架的接合處鑲有滾珠，角度可自由轉動。

*
Joe Colombo
W210×H1000mm（最大）

TIZIO
TIZIO

這款紐約現代美術館的永久館藏燈具，擁有大膽的外型與卓越的機能性，是全世界菁英上班族辦公室中的標準配備。

*
Richard Sapper
W108×H1180mm（最大）

A

不同款式的
桌燈

LUXO
Arm Light
LUXO曲臂燈

這件作品被視為曲臂燈的始祖，這種形式的桌燈在1937年於挪威發表。

*
Jac Jacobsen
W160×H980mm（最大）

Desk Lamp
桌燈

燈罩上貼了木皮，燈架也彎曲成獨特的弧度，便於拿取更換擺放位置。

*
設計者不明
W460×H760mm

A

壁燈
有這些選擇

Aarhus Wall Double
Aarhus雙壁燈

這件阿魯涅・雅珂柏森與Møller攜手合作的作品，外觀宛如2顆雞蛋被倒放在銀盤上，可為壁面增添柔和的表情。

*
Arne Jacobsen & Erik Møller
W400×H250mm

Skot
Skot

這種銀色的圓型壁燈，最初被設計來當成船上的照明。1929年開始量產之後，在世界各地都深受喜愛。

*
Louis Poulsen公司
φ239×D155mm

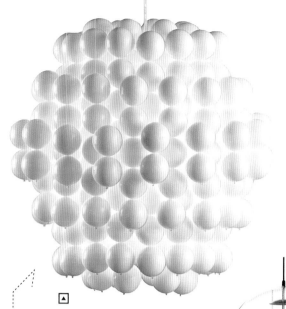

Flower Pot Lamp
花點

大小不同的半圓外觀與鋁材的組合，帶來了新鮮感。另有黑、橘、藍等顏色可供選擇。

*
Verner Panton
φ250×H155mm

VP Fun Shell
VP趣味貝殼燈

以珠光色貝殼接製而成，夢幻般的光芒從貝殼間傾洩而下，風輕拂時也會發出悅耳清脆的聲響。

*
Verner Panton
φ500×H600mm

Ball Lamp
球燈

獨創性極高的作品，充滿了北歐現代設計大師維諾‧潘頓的個人風格。無數的小白球，散發出嶄新的設計魅力。

*
Verner Panton
W440×H1150mm

VP-Globe
VP-地球

維諾‧潘頓發表於1969年的吊燈作品，以地球為意象。亮度不高，與其說是燈具，更像藝術品。

*
Verner Panton
φ400×H400mm

A

論個性
沒人比得上
維諾‧潘頓

Question about light

我想找比較
有個性的燈具……

Q **2**

Block Lamp
冰磚

Harri Koskinen的成名之作，獲紐約現代美術館收為永久館藏。將燈泡藏在玻璃磚中的手法，至今看來仍舊前衛。

*
Harri Koskinen
W160×D90×H100mm（大）
W120×D70×H80mm（小）

Canyon
懸岩

這件木製立燈的造型仿自懸岩上的花苞，使用椴木板材營造出樸拙清雅的風味。

*
W295×D520×H1360mm

Colombo Light
Colombo Light

擅長大膽未來設計的Colombo於1960年代發表這件作品，筒狀的空心柱中乘載著飄浮的燈體。

*
Joe Colombo
W260×H230mm

Bulb Lamp
燈泡

受紐約現代風潮影響的Maurer，於1966年發表這款燈泡形狀的桌燈設計，這也是他年輕時的名作。

*
Ingo Maurer
W170×H260mm

燈具

light

Garland
花環

這款名為「花環」的可愛燈具，燈罩由一整張金屬片製成。購入後可隨個人喜好將金屬片捲在燈泡上，充滿了獨創個性。

＊
Tord Boontje
φ300×H350mm

Globlow
Lamp Hanging
膨膨

這件瑞典著名設計師Snow Crash的代表作，只要一打開電源，燈罩就會像氣球一樣膨脹起來。

＊
Snow Crash
W800×D800mm

Campari Light
吊瓶燈

這件充滿玩心的作品，以義大利雞尾酒Campari Soda的酒瓶為意象，奢華的光采別具魅力。

＊
Ingo Maurer
φ230×H180mm

充滿童趣的 設計燈具

Toio
Toio

將汽車與摩托車上的車燈與宛如釣竿的支柱結合，再搭配外露的電線，成了這盞創意獨具的立燈。

＊
Achille & Pier Giacomo Castiglioni
W220×H1580mm

BLO
燭台燈

這件充滿童心的義大利獨創設計，外型設計成一盞蠟燭，只要輕吹一口氣就能控制電源開關。

＊
Marcel Wanders
W162×D130×H195mm

LIV Floor Lamp
LIV立燈

這是瑞典設計師Jonas Bohlin的LIV系列中的一項，層層披覆的薄紗所形成的造型，在當時蔚為話題。

＊
Jonas Bohlin
φ750×H1850mm

Golden Bell
金鐘

這是阿爾瓦·阿魯多在1937年為赫爾辛基的Savoy餐廳所特別設計。黃銅的光澤塑造出奢華的風味。

＊
Alvar Aalto
φ175×H230mm

Orbiter
宇宙飛船

利用圓盤薄片的遮蔽，讓視覺上不會直視赤裸的燈泡，同時也可光線反射，讓照明效果傳得更亮更遠。

＊
Louis Poulsen
φ270×H235mm

Fucsia8
Fucsia8

底部設計成霧面的圓錐狀玻璃體由天花板往下垂吊，其中溢出的光芒，散發出精緻設計的魅力。

＊
Achille Castiglioni
W630×D630×H352mm

藝術色彩強烈的燈具

▲
Wegner Pendant
威格納吊燈

這件漢斯・J・威格納所設計的高機能性燈具，可藉由高度調節裝置調整燈具的高度。

＊
Hans J Wegner
φ510×H390mm

◀
Spider
蜘蛛

這件發表於1965年的作品在Colombo的燈具中，屬於完成度極高的傑作。可任意調節高度角度的做法，在當時是劃時代的設計。

＊
Joe Colombo
W250×H1350mm

Ⓐ
可以調節
亮度及
照明高度的燈具

▲
Moon Lamp
月光

利用10枚可調整方向的鋁圈來控制光源表現，月光盈缺般的設計，令人印象深刻。

＊
Verner Panton
φ345mm

Question about light

有沒有能
調整光線的燈具？

Q 3

◀
Eclisse
Eclisse

這款由戰後帶領義大利現代設計潮流的Vico Magistretti所設計的燈具，可藉由旋轉內側燈罩來調節亮度。

＊
Vico Magistretti
φ120×H180mm

利用燈具提升氣氛

依擺設位置和使用目的
選擇合適的燈具

協力＝Targetti Poulsen Japan（http://www.louispoulsen.com/）

燈具分成能照亮房間整體的均一照明與單點照明兩種，事前請仔細考慮自己想要的房間氛圍，以及想在哪裡擺上什麼樣的燈具。只要將兩種光源分開，在適當的位置擺上燈具，就能為空間帶來豐富的表情。此外，燈具的設計及材料會影響光源的表現，請依不同場所選擇適當光源，例如餐桌上方就以光線往下打的吊燈為佳。

均一照明

單點照明

A

每年持續進化中的
野口勇AKARI系列
款式眾多，任君選擇

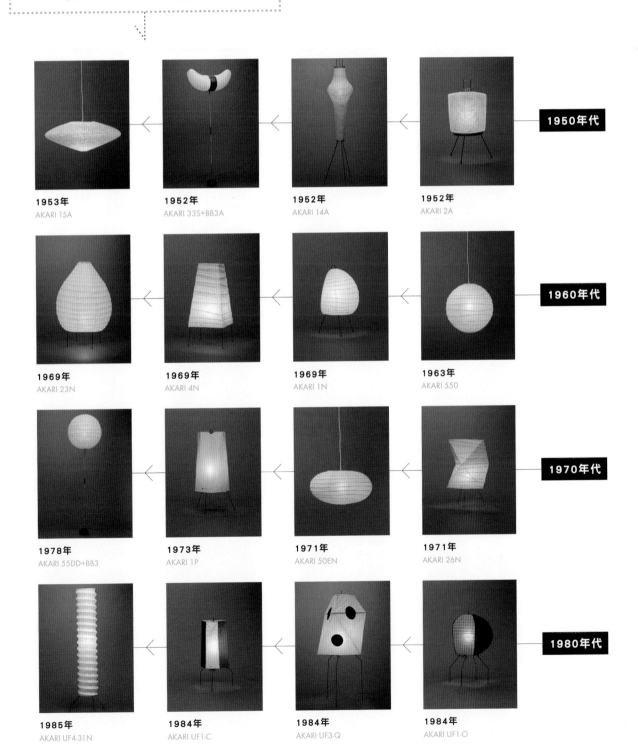

1953年
AKARI 15A

1952年
AKARI 33S+BB3A

1952年
AKARI 14A

1952年
AKARI 2A

1950年代

1969年
AKARI 23N

1969年
AKARI 4N

1969年
AKARI 1N

1963年
AKARI 550

1960年代

1978年
AKARI 55DD+BB3

1973年
AKARI 1P

1971年
AKARI 50EN

1971年
AKARI 26N

1970年代

1985年
AKARI UF4-31N

1984年
AKARI UF1-C

1984年
AKARI UF3-Q

1984年
AKARI UF1-O

1980年代

P.134

P.134

P.135

P.129

P.131

P.134

P.130

P.131

P.131

P.129

P.131

P.135

P.135

28 FEBRUARY MON

P.135

P.135

P.133

P.133

P.133

P.135

P.128

P.128

P.131

你中意的是
哪一個？

P.135

P.130

P.131

P.129
P.129
P.130
P.130
P.129
P.129
P.128
P.128
P.131
P.134
P.134
P.131
P.130

房間裡的小東西也不能隨便！

OTHERS

其他

統一室內整體風格！

想要讓房間更有型，就要連小細節都照料到。
什麼用品既實用又能為房間加分呢？一起來尋找你的夢幻小物吧！

2320Reale

2320 Reale

桌子的腳只要有4隻就能站立，但義大利奇才Carlo Mollino，卻讓桌腳也能表現出結構性美感的張力。

*
Carlo Mollino
W2200×D900×H720mm

2650Leonard

2650 Leonard

這款將傳統畫架應用在腳部的桌子是義大利大師阿奇雷・卡斯丁紐羅的作品，可自由調整桌面高度。

*
Achille Castiglioni
W2000×D1000×H650-910mm

Ⓐ

看不到**的小細節也很講究！**

Question about tables

Q 1

我想找

能在朋友面前

引以為傲的桌子

Ⓐ

**這種會
製造錯覺的桌子
也很有趣！**

QUADERNA

QUADERNA

一看以為是張磁磚桌子，定眼一瞧才發現原來是貼了3cm大小的方格絹印，是款充滿童心的餐桌。

*
W1110×D1110×H720mm

Ⓐ

**絕對會讓人
WOW～！的桌子**

ETRT

ETRT

超過2m的長度，以及衝浪板般的造型，絕對能成為房間的主角！

*
Charles Eames
W2261×D750×H254mm

Petal low table

花瓣矮桌

這是美國設計師Richard Schultz於1960年設計的矮桌作品，有著花瓣般的桌面，極具存在感。

*
Richard Schultz
φ1060×H340mm

桌子

table

也有精巧的
單人桌！

▶
Toothpick side table

牙籤桌

以宛如牙籤般的纖細椅腳為特徵，看似隨意擺放的腳架，其實經過嚴密的結構計算。

*
φ510×H510mm

▶
Dining Table

餐桌

這件野口勇的代表作，將搖椅改良成安定的桌腳，交叉編織的鐵製椅腳添加不少魅力。

*
Isamu Noguchi
φ900×H710mm

Q2

Question concerning chair

小坪數的居家空間
就不能
擺桌子嗎？

▶
Noguchi Coffee Table

野口勇咖啡桌

厚重的玻璃以看似極不安定的椅腳支撐，但其實在結構上非常合理，且能夠充分表現雕塑家野口勇的個人風格。

*
Marcel Wanders
W1280×D930×H400mm

玻璃能減輕壓迫感！

▶
C4 Stool Set

C4桌組

這組可收疊的萬用桌組，能依時、地、使用場合選擇適合的尺寸。

*
Marcel Breuer
W66,59,52,45×D38×H60,55,50,45mm

可精巧收納的
實用桌款！

▶
Nest Table

疊桌

不用時可收疊在一起、節省空間，操作簡單，而且使用上很方便。

*
Hans J Wegner
W520×D340×H480mm

▶
697Arabesco

697Arabesco

兼具建築師與設計家雙重身份的Carlo Mollino在1949年發表這件作品，擁有不對稱的桌面及線條優雅的桌腳。

*
Carlo Mollino
W1290×D530×H450mm

木櫃能增添優雅風味
也很耐用

Cabinet
櫥櫃

獨樹一格的X型腳架交叉非常
特別，設計師漢斯‧J‧威格
納特別細心將抽屜面與櫥櫃邊
緣收成平整無溝緣的設計。

*
Hans J Wegner
W1670×D440×H1260mm

RY-20
RY-20

雖然寬近2m，但由於上下櫃
體分開，因此視覺上看起來
輕盈得多。構造雖然纖細，
做工卻很實在而耐用。

*
Hans J Wegner
W1800×D500×H1800mm

Question about furniture

Q 3

不同材質
就會給人不同感覺嗎？

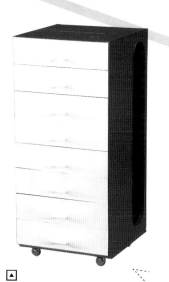

Low Chest
矮櫃

這款矮櫃很適合當衣物櫃，另有紅
橘等色彩可選，但現今只剩下二手
品在市面上流通。

*
Raymond Loewy
W1006×D460×H376mm

High Chest
高櫃

這個梳妝台兼收納櫃乍看之下有8個抽
屜，但其中只有4個能打開，剩下全是
假的。這也算是設計師的惡作劇吧！

*
Raymond Loewy
W500×D505×H1090mm

塑膠製品
不但色彩鮮艷
清潔也簡單！

Componibili Square Element
Componibili Square Element

設計這款收納櫃的Anna Castelli
Ferrieri是家具商Kartell的董事長夫
人。這件作品附有滾輪，移動方便。

*
Anna castelli Ferrieri
W380×D380×H800mm

絕不後悔的選擇！
設計家具名作

收納家具

table

▶

Tea trolly 900
飲料推車

這款發表於1937年巴黎萬國博覽會的推車作品，還能當成邊桌使用，可說是一舉兩得。

*
Alvar Aalto
W900×D650×H600mm

▼

Boby Wagon
Boby推車

採用塑膠材質，不怕弄濕，可以放在廚房使用。鮮艷的色彩讓空間顯得更明亮。

*
Joe Colombo
W410×D430×H735mm

A

**一舉兩得
小巧多功能**

▶

Bar Cabinet
酒吧櫃

上頭的蓋子打開後，就能一變成為吧檯！裡頭還可以放很多酒瓶，有了這個就能大方招待朋友來家裡玩！

*
Hans J Wegner
W500×D520×H485mm

Question about furniture

**有沒有小坪數房間裡
也能用的設計？** Q 4

A

**善用矮櫃
空間看起來就不會太擠**

▶

Eames Storage Unit 100
Eames收納矮櫃Unit 100

矮櫃的尺寸極適合日式房子，背面的顏色與伊姆茲夫婦家中的色彩相同。

*
Charles & Ray Eames
W1207×D407×H521mm

A

**桌邊的
收納小物
也要有時尚設計**

▼

Businesscard Box
名片盒

名片盒能幫你整理好桌上名片，附有盒蓋，不易沾染灰塵！

*
Norman Foster

▶

XX
XX

能將瑣碎的資料整理得井然有序，也能當成收納櫃，兼具設計感與實用性的單品。

*
Jasper Morrison

Question about furniture

**有沒有比較有趣的
收納用品？** Q 5

A

**連牆壁都能收納
才是高招！**

◀

Uten Silo
Uten Silo

這款五〇風潮的代表性收納設計品，有實用又特別的收納盒，能把亂七八糟的雜物通通放進去。

*
Alvar Aalto
W670×H870mm

A

靈活運用零碎空間

▶

artek 160
artek 160

由直立的桿架上，長出一根根橫吊桿，這種樹木狀的衣帽架能充分活用房裡零碎空間。

*
Alvar Aalto
φ610×H1770mm

推薦給想把房間
佈置成普普風的人

◀

Mari

Mari

這款色彩繽紛到不行
的閃電圖樣,醒目的
設計跟鮮艷的色彩,
可以用來做為房間內
的視覺重點。

*
Memphis

Q 6

Question about textile

有沒有什麼 · · · · · · · · · · · ·

好辦法 · · · · · · · · · · · · · · · · · · ·

可以讓房間 · · · · · · · · · · ·

面目一新?

A

不妨利用織品
增加變化!

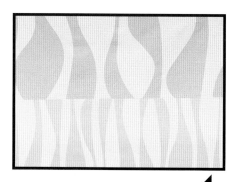

◀

CATARINA

CATARINA

這件作品在日本也很
受歡迎,清淡的色彩
極富北歐氣氛。

*
Sanden

想表現時髦風情
可以選擇這款吧!

想讓室內風格變得華麗
就選這款!

◀

rhubarb

rhubarb

這款問世於1968年的
織品,被當地旅館等
機構做為沙發等用具
的布料。

*
Jobs

絕不後悔的選擇！
設計家具名作 Q&A

織品

textile

想讓房間呈現
活潑可愛的氣氛
就選這款！

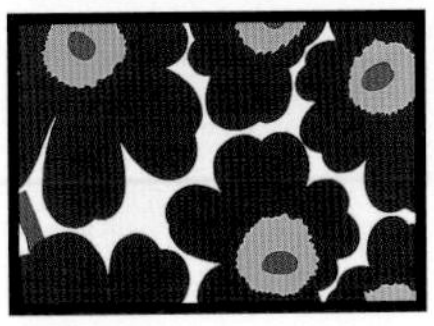

unikko

unikko

這是擅長大型花卉圖樣的marimekko代表作，簡潔的顏色不會搶走房間風采。

＊
marimekko／
marimekko

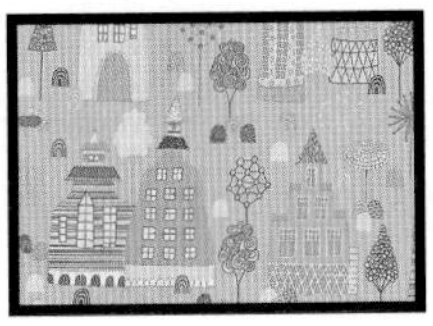

SAGA

SAGA

這款描繪童話般街景的溫馨作品，是Anna Sandberg設計的作品。

＊
Sandberg／
Anna Sandberg

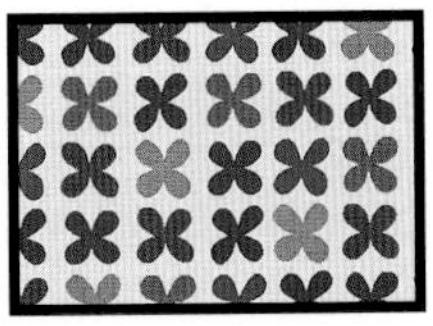

Quatrefoil

Quatrefoil

在白底上呈現各色編織花朵的明亮作品，由Alexander Girard設計。

＊
Maharam／
Alexander Girard

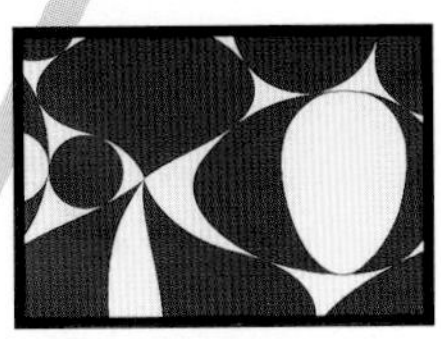

Mobile

Mobile

以極度簡潔的色彩及大膽的構圖取勝，也是一款在全球各地暢銷的熱賣品。

＊
Sanden

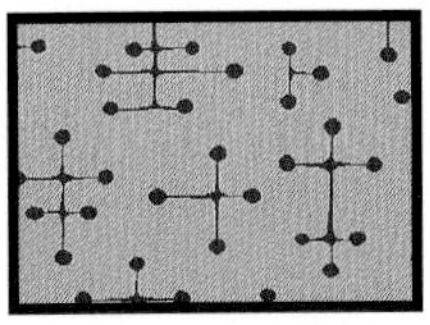

Smalldot

Smalldot

這款伊姆茲於1947年操刀設計的織品圖案，在全球廣受許多支持者喜愛。

＊
Maharam／
Eames

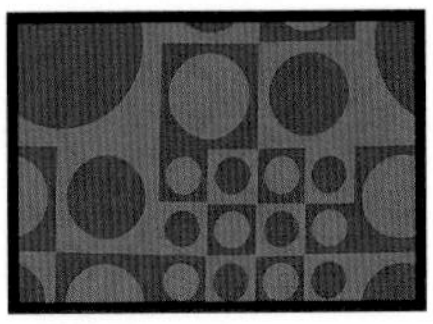

Geometri

Geometri

由維諾．潘頓設計的這款以方型與圓形構圖的織品，在市面上的能見度很高。

＊
Maharam／
Verner Paton

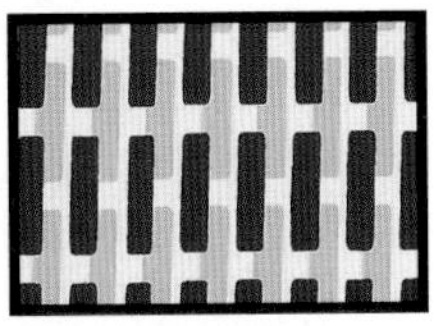

SIENA

SIENA

由建築大師阿爾瓦．阿魯多所設計的圖樣，以優雅的直線造型取勝。

＊
Alvar Aalto／
Alvar Aalto

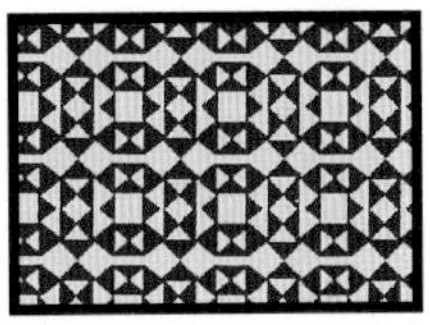

Facets

Facets

這款以黑白色塊表現重覆性主題的設計，簡單時髦，而且久看不厭。

＊
Maharam／
Alexander Girard

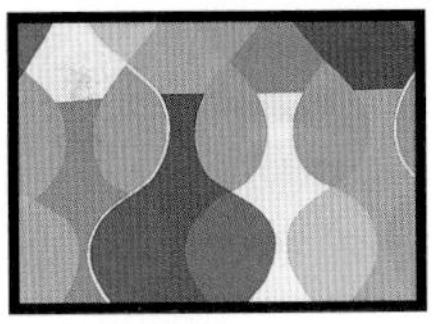

Malaga

Malaga

這款由Broas公司推出的織品代表作，描繪著柔滑的曲線，由Mona Bjork設計。

＊
Broas／
Mona Bjork

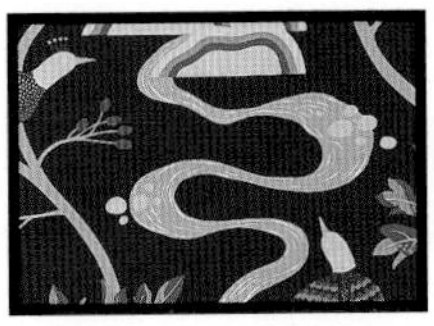

BIRD LAND

BIRD LAND

在黑底上浮現顏色鮮艷的各色鳥兒圖案，是Svenskt Tenn相當知名的作品。

＊
Svenskt Tenn

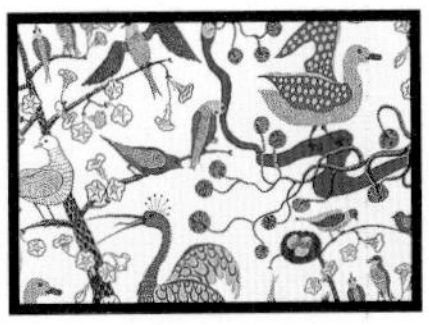

GRONA FAGLAR

GRONA FAGLAR

以停在枝頭的鳥兒為設計主題，表現出亞洲風味，是相當洗練的作品。

＊
Svenskt Tenn

summer

summer

這款以鮮艷色彩表現夏季主題的作品，是Jobs最受歡迎的設計之一。

＊
Jobs

Sunburst Clock
艷陽四射

Sunburst意謂自雲朵的縫隙之間流洩而下的日光,以此為意象設計出銳利又個性強烈的作品。

*
George Nelson
φ470mm

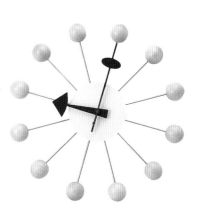

Ball Clock
球體

1947年由Howard Miller 公司出品,之後由Vitra Museum復刻。柔和的色彩與設計至今依然倍受歡迎。

*
George Nelson
φ330mm

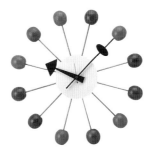

Ball Clock
球體

上圖單色調球體的著色版,光是加上色彩,氣氛就一轉為時髦活潑,是最適合擺在室內的名作。

*
George Nelson
φ330mm

Question about goods

我想稍微
改變一下
房間的氣氛

Q 7

A

掛上一只壁鐘
就很有味道

Asterisk Clock
星號

以鐵盤代表數字的設計,造型獨特又易搭配室內擺設,怎麼看也不膩。

*
George Nelson
φ250mm

Optic
視覺

由60年代知名設計師Joe Colombo設計,圓滑的造型與簡潔線條,讓它的人氣歷久不衰。

*
Joe Colombo

A

簡潔的
懸掛月曆
您覺得如何？

▶

Formosa
福爾摩沙

這款由DANESA公司於1963年出品的
極簡萬年曆，注目度100分，絕對能
成為室內的視覺焦點。

＊
Enzo Mari
W315×H315mm

Question about goods

Q8

我在找能
增添房間風味的
居家小物

A

用木頭玩具
來豐富室內的
趣味性

◀

Cubics
方塊

瑞士玩具商NAEF於1969年推出
這款積木玩具，設計洗練，不
管是拿來玩或擺著當裝飾品都
很適合。

＊
Peer Clahsen

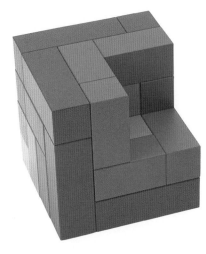

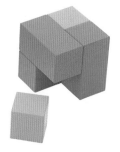

▶

黑柄餐具

不銹鋼部位的寬度、弧度，
皆考量過使用時的便利度後
才決定，並使用適合手握的
樺木材質做為握柄。

＊
柳宗理

A

使用讓餐桌
更顯風情的餐具

A

極力推薦
極具普普風情的
時尚花瓶

▶

Pago-Pago base
Pago-Pago base

這件1965年發表的花瓶兩面皆可使用，瓶口大小
設計不同，能依花量選擇適合的開口大小。

＊
Enzo Mari

室內設計與名家

用語辭典

網羅**最完整**的家居佈置**關鍵詞**

A

Abstract
抽象派，也具有抽象的意思。通常是與抽象藝術相關的用語。

設計者名。

Acanthopanax
五加木，五加科的落葉高木。木材呈現白黃色，質地輕、軟，因此容易加工。木紋部份與櫸木（zelkova）相似，經過著色加工後，就可以成為替代用木材。

Acrylic resin
壓克力樹脂，熱可塑性樹脂的一種。具有高透明度和良好的著色性，經常被運用在室內設計與製作裝飾物。硬度高，耐氣候性佳。

Adjuster
調整器。放置在桌子底部的調整用金屬小物件，以保持桌面水平。

Alvar Aalto（1898~1976）
阿爾瓦·阿魯多。生於芬蘭。自赫爾辛基工科大學畢業，進入瑞典建築事務所工作後，在優巴斯古拉獨立開業。接下來，在赫爾辛基推出多項公共建築、住宅等知名的建築設計。另外像他所設計的家具設計，也是知名的經典傑作。

Anonymous
作者佚名。在室內設計作品發表時，如不知設計者的姓名等時，便可以此字來代替名等時。

Approach
通道，指通往目標建築的道路與入口，也具有統稱周圍空間的含意。

Arborvitae
羅漢柏，檜木科的常綠針葉樹。從北海道南部至本州、四國、九州等皆有生長。材質呈淡黃色，較為輕、軟，耐水、濕性高，容易保存。檜木油也具有抗菌性的效果。

Architect
建築師／建築家。字義來源有說法是取希臘字源中的arkhos（長）+tekton（工匠）＝工匠長之意。

Arflex
1951年創立於義大利的家具製造商，宛若義大利設計家具界代名詞般擁有重要地位，在世界各地都有許多熱烈支持者。

Arm chair
扶手椅。左右附有可供雙手靠掛裝置的椅子款式。

Arne Jacobsen（1902~1971）
阿魯涅·雅珂柏森。生於丹麥本哈根。1922到1925年間進入皇家藝術學院就讀，之後推出一連串的住宅作品。雖以家具設計師的名作留存下來，但也從建築名作到產品設計等都有涉獵的全方位設計師。

Art deco
藝術裝飾。出現在20~30年代，非常流行於歐美的美術樣式。以大量運用直線和曲線的幾何學圖形為特徵。這個名稱據說是出自1925年在巴黎舉辦的「現代裝飾美術博覽會」之簡稱。

Artek
芬蘭設計巨匠阿爾瓦·阿魯多（Alvar Aalto），為成立生產與販售自己的設計的家具製造商，推出包含「扶手椅41帕米奧」和以天然白樺木材製作的椅凳「E60」等多件代表作。

Art nouveau
新潮藝術。19世紀末，在法國、比利時等地出現的藝術運動。以善用非常彎曲的曲線為特色。從1890年起約有20年的最盛時期。法文的「art nouveau」，也就是代表新藝術的意思。

Art work
藝術作品的成果呈現。在室內設計方面，更為強調造型的美感勝過實用性，也是指嶄新的主題表現。

B

之意。

Artificial leather
人工皮革。由尼龍和聚脂塑膠的極細纖維，以束狀交疊方式做出不織布的纖維層，再加上彈性的聚氨酯塑膠成分所製成。透氣性與韌性皆優。表面部份使用極細纖維，做出近似皮革的觸感。

Arts & craft
美術與工藝。在十九世紀倫敦大博覽會之後，於英國所發起的工藝復興運動。以威廉·莫里斯（William Morris，詩人／工藝家）為中心，目標是融合工藝與藝術。

Ash
白蠟樹，木科的闊葉樹。加工性良好，也容易呈現出木質的美感，非常適合家具的製作。在北歐經典家具作品中常可見的利用材質。

Assemble
裝配。將部位零件組裝起來。

Attic
閣樓。指屋頂內部的空間。

Back slit open
背切。（1）背開式。（2）為防止柱子等，因為過於乾燥而造成裂縫產生時，可以在柱內預先切鋸產出一條裂縫，避免柱子產生龜裂。

BAUHAUS
包浩斯。1919年成立於德國的國立造型學校，追求徹底的鑽研建築與設計，也是現代設計的先鋒。1930年起由密斯·凡·德羅擔任校長職務。

Beech
山毛櫸，櫸木。屬於闊葉樹、櫸科的落葉高木。材質為白色，呈現出如同鱈魚切片紋路一般美觀的放射狀紋理。為厚重、硬實的木材，但是會變色、易裂，也容易腐朽。除了家具材、地面舖木等用途之外，接著性強，也可以當成曲木材來使用。

Bookrest
閱書架。可以放置書報，方便閱讀的書架。在西方也用來指擺放聖經、辭典等厚重書籍的置物架。

Bench chest
板凳椅櫃。座板可以打開或附有抽屜，具有收納功能的的長椅子。

Bending wood
曲木，讓木材產生曲線造型的技術。在加入熱和水蒸氣後，放入金屬模具之中固定，並使其乾燥。這種方式來自19世紀中期由米歇爾・托奈特所研發，已經取得專利使用的木材大多是山毛櫸、柏樹等。

Birch
樺樹，落葉闊葉樹的一種。硬、重，容易進行表面加工，接著性佳。經常使用在家具和表面舖設的用途。

Blind
百葉窗。為遮住視線與光線，裝設在窗戶上的可拆卸窗簾。幾乎都是採用細長的鋁片並列而組成的樣式，可以調整角度來控制進光量。除了橫向造型之外，也有直式的多種不同款式。

Bolster cushion
長枕靠墊。長型、圓筒狀的軟墊。

Bone china
骨瓷。精緻、透露出柔和光亮的瓷器，與玻璃、壓克力的透光感完全不同。

C

Borge Mogensen（1914～1972）
包艾・莫恩森，生於丹麥日德蘭半島的歐爾鮑地區。自皇家藝術學院家具畢業之後，曾任職於柯雷・克林特、莫恩斯・科霍（Mogens Koch）等人的工作室。1947年發表J39椅款，這是經過半個世紀以來，依然熱賣的知名優秀作品。威格納也是其好友。

Bracket
托架。可以裝卸的室內層板。在建築用語方面原來是指將物件固定於牆面上而成的構造（如棚架等），已經為代表，一種裝置在牆面上的照明用具，正式名稱為壁燈（wall bracket）。

Cabriole chair
貓腳椅。出現在路易15世時期的款式（18世紀），具有貓腳般椅腳的扶手椅款式。

Cabriole leg
貓腳。通稱貓腳設計，具有S形曲線腳部的家具，是安妮皇后款式、路易15世款式中常見的工藝表現。

Café
咖啡店（法文）。可休憩、喝咖啡的地方，主要是指對於餐廳或室內裝潢都很有店家特色的咖啡店。過去在日本大正時期也有將洋式酒吧稱為Café之習慣。

Camphor tree
樟樹，常綠闊葉樹的一種，容易加工。還具有防蟲功效，因此常用在裝衣箱或衣櫥抽屜等用途。

Butterfly table
蝴蝶桌。桌面左右兩端可以摺合起來，也可依實際需求，完全不用時，還能連同桌板一起摺疊起來。

Cantilever
懸臂。一端固定，另一端懸空的樑柱結構。而懸臂椅是指單邊懸空的座椅款式。

Bruno Mathsson（1907～1988）
布魯諾・馬德森，生於瑞典的貝南姆。在父親的家具工坊中學習家具製作。以人體工學為基礎創作的馬德森椅等，都獲得很高的評價。代表作品「夏娃椅」，在1939年的紐約博覽會中廣受注目並欣賞。之後還有多樣的變化造型產生。

Cabinet
壁櫥。指窗邊層板或裝飾用。

Canvas
厚織布。使用棉或麻以平織法製作的厚布料。常見於包覆座椅表面等用途。

Carl Hansen & Son
1908年於成立於丹麥的家具製造商，因為推出漢斯・J・威格納的經典設計Y字椅，而繼續支持喜愛運用木材進行創作的威格納設計，到今日依舊負責威格納設計的生產與銷售事項，連50年前生產的椅子，至今仍受理維修。

Carl Malmsten（1888～1972）
卡爾・馬姆斯汀，瑞典近代木工家具之父。以改良的現代式民族風與農民家具作品，獲得1918年市政廳家具競賽的一等獎，並提倡基礎設計教育的重要，並成立私人學校卡培拉花園（Capella garden）木工、織品設計等科目，教授

Case study house
實習屋。由洛杉磯的《藝術與建築》雜誌所進行的專題企劃，以實驗性的出發點結合新人建築師的構思，作出高機能性、現代化的住宅建築。伊姆茲也是其中的知名參與者。

Caster
轉輪。在家具底部裝上的金屬輪狀器具，方便讓家具自由移動與搬運。

Casual
休閒風。指不刻意營造、日常使用等含意。不僅用來形容服裝，包括室內設計等氣氛表現也經常使用。大多用來表示自然、舒適的整體感受。還分為法國式、義大利式等不同呈現手法。

Ceiling light
頂燈。直接裝設在天花板的燈具，可以達到較大亮度的功效，一般做為全區域照明時的使用方式。

Center cross curtain
中央式窗簾。由2片窗簾布所組成，可以拉至中央合、固定的樣式。有多種花樣可以選擇，不需要經常開合的類型。

Center table
中央桌。放置在玄關空間或房間內中心的大桌子，另外也可以指放置在客廳中央或沙發前使用的低矮桌。

Chaise
躺椅。比安樂椅更適合休息的座椅，還有像長躺椅、沙發床、摺疊躺椅等也都屬於躺椅的一種。

Charles & Ray Eames（1907～1978）／（1912～1988）
查爾斯和蕾依・伊姆茲。查爾斯曾在華盛頓大學攻讀建

Charlotte Perriand
（1903～1999）

夏洛特‧沛利雅。1927年進入建築巨匠柯比意的工作室實習。深獲柯比意的信賴，並負責建築家具設計。1937年獨立後，與強‧普魯威（Jean Prouve）共同成立工作室，同年擔任輸出工藝指導官赴日，對日本的現代主義先驅帶來深遠的影響。

Charles Rennie Mackintosh
（1868～1928）

查爾斯‧雷尼‧麥金塔於英格蘭的格拉斯哥，一邊擔任繪圖工，一邊完成格拉斯哥美術學校建築設計夜間部課程。1900年參與維也納的分離派作品展而聞名於設計界。已成功讓建築、室內設計等在綜合藝術中佔有一席之地。

Chinoiserie

中國樣式（法文）。意指裝飾和室內家具等都充滿了中國風味。17世紀後半到19世紀初，流行於歐洲的貴族之間的風尚。

Cloth

織物。可用於壁面張貼的裝飾材料之統稱，除了布料之外，還有塑膠、和紙、紙布等豐富種類可以選擇、最近也開發出能調節濕度、除臭等機能性為主的產品。

chestnut tree

栗樹，落葉闊葉樹。富有彈性，也以耐水、耐濕氣等良好特性而知名。常見於家具以外的建築用底座、鋪木等用途。

Chest

五斗櫃。收放衣服與小物件、附蓋的箱子。也有高至胸前的小型衣櫃款式。

Cherry

櫻桃木，薔薇科的闊葉樹。所生產的紅黑色櫻桃比日本種大。木紋細緻，經過加工之後更顯美麗。

築，1930年成立自己的公司。1940年與耶羅‧沙里涅共同發表椅子作品而享負盛名。1941年與蕾伊結婚，之後便以夫婦的共同名義發表許多傑出作品。除了設計，在電影、平面繪圖等藝術領域也多有涉獵。

Coffee table

咖啡桌。正如其名，就是喝咖啡或喝茶時，方便放置杯子的小型桌子。為了搭配高腳椅凳或椅凳腳，桌面設計得較高；而客廳用的咖啡桌則設計得比較矮。

Coating

塗佈。在原料的表面塗上塗料，可做為保護表面與增添光澤的用途。隨著時代的進步，更增強了裝飾用的意味進步。塗料可以採用天然或石化製品類，有多種不同的材料可供選擇。

Color coordinate

色彩搭配。在室內設計之中，透過調整色彩，創造出特定氛圍的空間。針對心理層面與表現設計特性，來製作色彩表現設計劃的專家，也稱為色彩搭配顧問。

Color box

收納箱。利用簡單合板木材製成的收納用具之統稱，也有不同顏色的組合，方便室內色彩搭配。最近市面上還出現許多依照不同用途搭配不同尺寸的設計。價格非常低廉，更是一大特色。

Collaboration

共同創作，合作製造產品之意。近年來非常盛行不同藝術領域的藝術家，集結由各品牌與藝術家特定活動團與自身有關的話題，也是共同創作的好處之一。創造與自身有關的話題，也是共同創作的好處之一。

Cold draft

冷對流。主要是指使用暖氣時，如果地面與天花板的室內溫差，相差攝氏5度以上，就會將冷空氣從窗縫中拉引進入室內，讓室內的人產生不舒服的感覺。

（為配合沙發的高度）。

Cupra

銅銨嫘縈，人造纖維

Cup board

杯架，也是放置餐具的棚架。有木製品或兼具隔間功能之設計，還有利於裝飾的雙面附玻璃等不同種類。

Covering sofa

椅套沙發。沙發上布料椅套可以取下的一種沙發款式。通常可以替換成相同尺寸、不同花樣的椅套。椅套具有清洗方便的特性，也可以拆卸。

Couch sofa

貴妃椅。可以躺下稍事休息的沙發。通常具有單邊扶手是其最大的和一邊較低的椅背的特色。

Coordinate

搭配。透過將不同的物件組合、排列等方式，創造出特別的空間效果。專門從事這類工作的人，就稱為搭配顧問（coordinator）。近年來也被細分為室內、燈光與花藝等不同的範疇與工作。

Contract

特製商品。適合公共設施使用的產品，如地毯、窗簾、家具等等。

Console table

壁面桌。起源於18世紀初，為了可以擺放花瓶等小物件所設計的款式，寄靠於壁面使用的小桌子。

Concept shop

概念店。以某種特定概念而設立的商店，或以收集專門主題相關商品為主的商店，包括專精的品味、生活風格化的、趣味導向的商店型態皆有。

Cypress

檜木，檜木科的常綠針葉樹。日本特產品種。邊材為淡黃白色、心材黃白色加上些微粉紅色。直挺的材

Cutlery

金屬餐具，餐桌上使用的金屬餐具。包括切刀、叉子、湯匙等代表性的用具。而高級的金屬餐具，則以銀製品為主。現在常見的多為不鏽鋼製成品。

Cushion

軟墊。簡單來說，就是在中心與表面之間放入當作緩衝用的填充物料。如果只是在表層加上軟性包覆物也可以稱為軟墊。過去常用的填充物，大都是獸毛或植物纖維絲等天然材料；現在常用的有填泡棉、塑膠海綿等石化製品可供選擇。

Curtain

掛簾，懸掛在玄關或房間出入口，不僅可以防風，也有視線遮蔽的效果。另外還可以將商店名號印染在掛簾上，做為商店的形象象徵。在日式室內設計中的掛簾已經成為不可或缺的重要識別物件。

（cuprammonium rayon）的簡稱。如同棉一般的觸感，抗污性強，染出比其他嫘縈材質更鮮艷的顏色。

質、容易加工。耐濕、耐水性皆良好，也易於保存。經常使用於寺廟建築、萬用材、建具用材、家具材料，桶狀物製材等多樣化用途。

D

Daisaku Cho（1921～）
長大作，生於東京。自東京美術學校（現在的東京藝術大學）畢業，進入坂倉準三建築研究所實習，並擔任家具設計工作。代表作—低座椅子，便是在事務所工作時發表的作品。獨立後專心以建築為主，1993年回到家具設計，現在依然活躍於設計界之中。

Dead stock
庫藏品。未使用的新產品，堆放在倉庫等場所中保管。以比中古品的保存狀態好，以古董精品來說，庫藏品的價位也更高。

Deck chair
可以摺疊的休閒躺椅。以木材或金屬管製成外框，再把棉或麻等厚織布料，佈張於外框上成為座面。

Dead space
無效空間。無法有效活用的空間。

Decoration
裝飾。裝潢、裝飾品。

Decorative
裝飾性。加以裝飾、充滿裝飾性的表現。

Designer's block
設計師區塊。自2000年日本舉行「用設計來改變都市」的主題活動之後，便集結了許多來自國際與日本的設計師，在日本的商店或藝廊等展示自己的作品。

Designer's week
設計週。為展現家具產品與新生活樣式提案而舉行的設計展，每年10月在東京舉辦。

Dining
餐廳。鄰接廚房旁邊的用餐空間，Dine就是用餐之意。如果是飯廳與廚房相連的隔間方式時，就可以將這個空間稱為餐廳廚房（dining kitchen／日式英文的用法）。雖然名稱與歐美或有不同，也是指相同的空間利用方式。

Dining board
餐具層架。設置於餐廳或廚房的餐具擺放棚架。

Display
陳列。擺設與展示物件之動作。也可以指展示、陳設的物件。

Do it yourself
DIY，自己動手做的英文簡稱。自行負責來整修、修補自己的住家。

Down light
嵌燈，嵌入天花板內部的照明燈具。因為將每一個燈管都埋入天花板內，所以整體外觀可顯得清爽簡潔。

Drape
摺邊，利用布料的皺摺，創造出連續的固定紋樣。主要是為了美觀與裝飾性。如窗簾等布料，製作時可以利用搓捻方式做出摺邊。

Duct rail
引導軌道。為了方便移動，取下裝設在天花板上的聚光、燈而設計的引導軌道。可以將燈具移動到需要照射的位置和角度。不需在天花板上特別加工，而且方便拆卸的簡易型軌道商品。最近市面上也出現

E

Early American style
早期美國樣式，殖民時代的美國建築樣式，也就是指17～18世紀左右的英國、西班牙、荷蘭的殖民地樣式，亦稱為殖民時期（Colonial）樣式。

Easy chair
安樂椅，設計成適合放鬆、休息目的，坐起來也非常舒適的座椅款式。

Easy order
簡易訂購。變更外型已經固定的家具和窗簾等上的材料，或是更改成自己喜歡的布料與花紋。

Eco
生態學，也是指生態環境學之意。研究生物與環境之間關係的學說。

Edge
邊緣。邊、稜、外端。

Eero Aarnio（1932～）
耶羅·阿尼奧，生於芬蘭赫爾辛基。在赫爾辛基工業設計、藝術專校學習工業設計。之後推出極受歡迎的球型椅和巴斯特椅，成為廣受注目的設計師。先於美國成名後，又獲得歐洲時尚界青睞。現在依然活躍於設計界的國際舞台的設計師。

Eero Saarinen（1910～1961）
耶羅·沙里涅，生於芬蘭。13歲時，與家人移居美國，之後進入耶魯大學攻讀建築，曾在同為知名建築師的父親耶里艾爾·沙里涅（Eliel Saarinen）擔任校長的格蘭布魯克藝術學院任教。作品包括世界聞名的鬱金香椅，和美國甘迺迪機場設計等等。

emeco
1944年設立於賓西尼亞州，代表作是因應海軍輕便又不會生鏽之需求而開發出來的NAVY®1006。

Elm
榆樹，榆科樹木的統稱。邊材為黃白色、心材為淡褐色，年輪並不明顯。材質重、硬，不適合進行削、切等加工，因難度高。適合做為曲木。

Emboss
浮雕製品。先在金屬上刻出花紋模樣，並以加熱高壓的方式，讓刻好的花紋浮起於金屬表面上的裝飾方法。

Enamel
琺瑯。如浴缸等所使用的材料，在耐久、負重抗壓和觸感等性能上都非常優異。有成型琺瑯和輕量低價的鋼板等類型。

Ergonomics
人類工程學。研究人類身體、心理、生理等，與人類、物體、環境之間互動的研究與科學。人體工學。

Ergonomics
人體工程學、人因工程。

Erik Jprgensen
1954年設立於丹麥的家具製造商，以生產高品質家具為主。代表作是以日蝕時所拍攝的連續照片為創意來源的冕椅（Corona Chair）。1964年發表時並未受到好評，不過1997年重新發行而一躍成為五○風潮的經典作品之一。近年致力於摩登家具的製作。

Esquisse
草圖，法文中的草稿、素描、預視圖等。室內設計業中，經常有「明天請提供草圖」等之對話出現。

Extension
可調整桌。桌板的大小尺寸可以調整，也可稱為伸縮桌。像蝴蝶桌和道威桌（Drewry）等款式。

Exterior
外部，外表、外面之意。在室內設計方面是指外部裝潢、外觀、外部周圍等。

F

Fabric
織品，即布料。

Fazade

外觀，法文中的建築物正面之意，也代表建築的外表。近年來的建築在外觀和機能上，都勇於嘗試多樣化的的表現方式。同時藉由整修的方便，將外表做出全新的樣式與順序改變。

Finn Juhl
（1912~1989）

芬恩・尤魯，生於哥本哈根。就讀皇家藝術學院的建築科，學成機能主義的設計知識後，曾任職設計事務所，於1945年獨立開業。除了家具設計，還有SAS航空公司的座艙設計工作，涉獵範圍廣泛。他所設計的作品至今依然屬於高價家具。

Fixed fitting

固定裝配，如窗戶、門等，被固定成為無法開合的狀態。

Fixture

裝潢家具，量身訂做的固定式家具，fixture的英文字中帶有固定之意，與於一般可移動式的家具（即furniture）不同。

Flash board

表板。以角材來製作外框，並將薄木板張貼於其上。與一整塊的木板相比，更為輕量，製作成本也更便宜。

Fringe

摺邊。將窗簾等織品布料的邊緣做出摺邊裝飾，字源出處來自英文的fringe，即外緣之意。

FREDERICIA

收購1911年以生產椅子起家的製造商—弗雷迪里西亞・史托爾法柏列克（Fredericia Stolefabrik）公司，於1955年正式成立的丹麥家具商。發表設計多包艾、莫恩森的知名設計作作。結合橡木與天然皮革所打造的座椅，品質更是令人驚歎。

常溫中屬於無色的刺激性臭味氣體，具有易溶於水的特性。可做為殺菌與防腐劑等用途，在水中還會釋放出福馬林。

Furnishing textile

室內織品。運用於室內設計中的布製品之統稱。如窗簾、地毯、掛毯、沙發和椅子等任何織物布料製品，都包括在內。

Furniture with feet

附腳家具。業界用語，指椅子、桌子等，附有腳部以支撐的家具。

容易製作成型。

Geometry pattern

幾何學花紋。包括三角形、方形、菱形、多角形和圓形等運用在材料上的花樣，也就是幾何形狀。

George Nakashima
（1905~1990）

喬治・中島，生於華盛頓州。進入麻省理工學院修讀建築，之後前往巴黎，卻對當時的藝術活動感到失望。後來到日本，和前川國男、吉村順三等人一起在安東尼・雷蒙特（Antonin Raymond）工作室實習。之後以紐霍普為據點，以天然材質創作家具作品。

George Nelson
（1908~1986）

喬治・尼爾森，於耶魯大學攻讀建築。不僅身兼室內設計師，同時也擔任建築雜誌的主編，從事多方面的活動。1946~1966年任職Herman Miller家具商的設計總監，也因此發掘伊姆茲夫婦、自己的知名代表作有棉花糖沙發、椰子椅等。

Galvalume

鋁鋅合金鋼板，由亞鉛與鋁的合金製成之鋼板材料。防鏽性強，也比融鋅鋼板（馬口鐵）多出3~6倍的耐重量。在視覺上也較為美觀，所以近年來多使用於住宅的外部建設上。

Gerrit Rietveld
（1888~1964）

荷立特・利德菲魯特，出生在荷蘭烏特勒芝的家具工匠之家。自11歲開始在家中工作的家具工坊工作。紅與藍，曾於1923年的包浩斯作品展覽會上發表。為帕浩斯羅的宅邸，也是知名的建築作品。

FRP

FRP材質，Fiber Reinforced Plastic的簡稱。在常溫中加工而成的保麗龍塑膠加入纖維的強化物。耐水性佳，也

Fritz Hansen

1872年創設於丹麥的家具製造商，是代表北歐的知名品牌。像是阿魯涅・雅珂柏森設計的螞蟻椅（1952年）、Seven椅（1955年）等木製合板作品，和五〇風潮代表作蛋椅（1952年）、天鵝椅（1958年）等，都是Fritz Hansen的產品。

Floor lamp

落地燈。放置在地面上、高度一般的燈具。另一種高度較高、燈罩成傘狀的燈具則稱為落地燈座（floor stand），做為不同類型的區別。

Flooring

地板。室內木材地板的統稱，也有各式不同的張貼方式與類型。還有像已經將表面印刷成木板紋樣的膠合板設計，可以直接貼附在地板上，也是木製地板的一種。

Folding chair

摺疊椅。可以摺疊收合、並利於收納的椅子。

Formaldehyde

甲醛，含有以防腐劑做為接著劑等的化學有機物質。在

Fir

杉木，屬於杉木科杉木類的常綠針葉樹。經常運用於建築方面的木材種類。沿著木紋的走勢，很容易便能將其切開，因此也成為易於外食免洗筷的製作材料。

Fireproof

防火。根據建築基準法所規定，壁面建材等都應該具備不易燃的功能。

Fit

嵌合。二個零件的凹凸部份，剛剛好完全相合的狀態。

Fittings

設備配件。如窗戶、玄關等，建築物上有開口、並附上門扇部份之統稱，門扇也可以說是「關閉用道具」。經常可見以鋁合金材料（金屬）製成的樣式，不過也有設計精美的純日式風格門扉，如紙幛等類型。

Glass wood

玻璃棉。將玻璃纖維加上結合劑，固定形成棉狀物體。大多運用於住宅建築內部的斷熱材料，也具有吸音、保溫等功效。

Gothic furniture

哥德式家具。從歐洲中世紀時代的哥德文化（12世紀前半～16世紀）所衍伸出來的家具樣式，在建築方面，則是以豪華的裝飾為特色。運用橡木材，以豪華的裝飾為特色。

Great master

巨匠、大師。在某領域中的頂尖人物，就是經常穿著「一中山服」的服裝，而美國的大師則是以佩戴「幾何鏡框」的眼鏡居多。識別，就是經常穿著「一中山

Gypsum

石膏。製成熟石膏的原料，也就是含水硝酸鈣。

Hackberry

木蘭。木蓮科的落葉闊葉樹，在日本各地都有生長。邊材呈現灰白色，心材是深綠灰色。材質細密、平均，硬質直少彎曲。

Halogen

鹵素燈。比一般白熾燈更小、壽命更長、亮度更高的電燈泡類型。鹵素就是指氟素、鹽素等之統稱。應泡中，注入碘或溴等鹵素氣體，即製成鹵素燈泡。用於室內設計、汽車等多樣化用途。

Head board

床頭板。在床架、頭部睡臥的位置設計裝設的木板，也有做成架樣式的類型。反義詞：床腳板（foot board）。

Heat resistant glass

耐熱玻璃。利用玻璃組織結晶化過程，來抑制熱膨脹率，因此製作出耐熱性高的玻璃種類。使用的原料型酸性玻璃，也可以是方玻璃，具有耐熱攝氏120～400度高溫的功效。能抵抗攝氏400度以上高溫的耐熱玻璃，另稱為超耐熱玻璃，以示區別。

Herman Miller

因伊姆茲作品而廣為人知

Hatch

窗口。屋頂或地面設計的出入口與開口部份，原來是為了打通兩側、方便物體移動，所以做了兩端開口。如果是具有兩面開口、相同機能的餐櫥櫃，則稱為雙面櫃（hatch cabinet）。

Hinge

鉸鏈。附著於門框與門板之間，負責使門板自由開啟、關合的金屬小道具。形狀就如同蝴蝶翅膀的張合一般，因此日文也稱之為「蝶番」。

Household goods

家用品、日常生活中使用的家具器物、用品的統稱。

Harry Bertoia
（1915～1978）

哈利・貝魯托亞，生於義大利。1930年間移民前往美國。1930年學成前往斯工科大學的珠寶飾品設計與繪畫後，1937年進入格蘭布魯克藝術學院就讀。畢業後，留校擔任金屬加工科教師，曾與伊姆茲夫婦一起合作創作，也是知名的雕刻家。

High back chair

高背椅。椅背部份到達肩膀之上、頭部附近高度的設計。從人體工學角度來看，是具有減輕疲勞效果量的設計，而且明顯地只為表現出高級感與舒適感的款式大不相同。目前市販售的商品多屬於後者，高椅背也有可能只是裝飾用途。

High Stool

高腳椅。配合櫃檯高度所製作的高腳椅，通常下方都有置腳台，讓雙腳有固定處。

Hickory

山胡桃木，核桃科的闊葉樹。產於美國東部。邊緣為白色、心材是淡紅褐色，也善於吸收衝擊力。重、硬的材質，強度高，也善於吸收衝擊力。

In shop

店中店。位於百貨商店或商業大樓之中的小店面、店舖。

Import

舶來品，指國外輸入品。

Interior

室內設計。原本是單指室內的意思，廣義則包括了室內裝飾、家具擺飾品、設備器和室內設計等涵義在內。

Interior element

室內元素。構成室內設計的要素。

Ilmaari Tapiovaara
（1914～1999）

伊爾馬力・塔皮歐伯拉，與阿魯多・沙里涅等人並列為芬蘭的代表設計師之一。在英國學習近代藝術，接著為瞭解近代設計，前往巴黎的柯比意工作室實習。致力於

Hinge部...

Household goods

Integrated plastic

塑膠一體成型。將塑膠材料放入模具之中，一次就能製作成型的工法。還有像一般所熟知利用高溫加熱塑膠，再以高壓射入鑄模內部的射出成型方式等。機器設備也以大型為主。

Integrating

接合。將木板或布料結合成一整片。

Inter laced chair

裝飾椅。將如同雕刻一般的

Industrial design

工業設計，以工業用品作為設計的目標與範圍。

Indirect lighting

間接照明。將光線照射在牆壁或天花板上，讓整體的光量更為柔和，也加強空間裝飾性的照明效果。

Insulating material

斷熱材。不容易傳熱的材料，像是玻璃纖維，內部也含有許多空氣層，熱幾無法傳導出去的結構設計。雖然在住宅建築之中，經常可見面上鋪有鋁箔紙和瀝青等材料，不過這是為了防潮的功效。

Isamu Noguchi
（1904～1988）

野口勇，日裔詩人野口米次郎和蕾歐妮・吉魯莫亞之子。在哥倫比亞大學攻讀醫學時，1947年在美術學校學習雕刻，著手進入亞大學攻讀醫口桌。2004年由德國VITRA家具商陸續推出復刻品，以紀念其百年誕辰。

Isamu Kenmochi
（1902～1971）

劍持勇，生於東京。畢業於東京高等藝術學校木工科。1932年時進入商工省工藝指導所，專研布魯諾・陶特的座椅作品。1964年推出的代表作休閒椅，被MoMA列為永久收藏展覽品。很多人不知道養樂多瓶子也是他的設計作品。

Japanese ash

梣樹，木犀科的落葉闊葉樹。材質偏硬，直挺不易彎曲，具有加工性良好的特點。因為運用於製作棒球棒而廣為人知。也經常用來製作家具。亦稱白蠟樹。

Hans J Wegner
（1914～2007）

漢斯・J・威格納，生於日德蘭半島的多納地區。自哥本哈根美術工藝學校家具科畢業後，27歲進入阿魯涅・雅珂柏森的事務所工作。曾負責歐胡市政廳的家具設計。獨立開業後，以這・椅子與Y字椅等多樣化的經典作品聞名。

帶狀材質交錯層疊，做成椅背上的裝飾。

提升後輩的設計教育。推出伊姆茲夫婦一世、風靡一世、喬治・尼爾森的棉花糖椅也是由Herman Miller打造。

的家具商，致力於現代家具製作。推出伊姆茲夫婦口勇等設計師作品，掀起・野〇風潮、風靡一世。喬治・尼爾森的棉花糖椅也是由

亞・庫卡普魯正是他的弟子。也曾經擔任伊利諾伊工科大學的客座教授。

J

Japanese Agricultural Standard
JAS標誌。根據日本農林省的農林物資法所制定的標準規格，在室內家具之中所使用的合板木材、和組裝材料等，也都必須遵守這項規格。

Japanese cherry
日本櫻，落葉闊葉樹的一種。加工容易、著色性佳、少彎曲、變形的木面狀況，廣泛應用於家具、裝飾木材和雕刻用等等。

Japanese hemlock
日本鐵杉樹，松科的長綠針葉樹。厚重、硬實，經常使用於建築物的樑柱、門上橫桿與地面鋪木等。

Japanese low table
和式桌。日本和式房間使用的矮桌，近年來有許多非傳統日式生活方式，卻也直接坐在地板上的西洋生活型態出現，因此矮桌使用率相對地增加。另外也有像桌腳可以收摺起來的款式，稱為矮餐桌（low dining table）。

Japanese oak
日本橡木，山毛櫸科楢屬的闊葉樹。灰褐色、木面有斑點出現。木質偏重、硬度高、易裂。使用在家具材，地板鋪木等用途。市面上多的作品，更被視為原木材，將日本北海道產的原木稱為日本橡木，以與輸入的橡木做為區別。

Jasper Morrison（1959〜）
傑士伯·莫里森，生於倫敦。完成金士堡美術學校和RCA的學業之後，1994年成立自己的設計工作室。1988年，為德國的國際家具商vitra舉行裝置藝術展。目前持續進行結合設計與藝術的活動。被視為現代的代表設計師之一。

Jazz bowl
爵士碗，如同托缽一樣開口的碗型。

Jean Prouvé（1901〜1984）
強，普魯衛，出生於巴黎。父親是新潮藝術的大師—維克特爾·普魯衛。曾任金工工匠，於1923年獨立開業，追求合理、倫約、無文浪費的優美造型之家具設計。2002年因vitra家具商開始販售其復刻版作品，又逐漸興起普魯衛風潮。

Joe Colombo（1930〜1971）
喬·可倫坡，生於米蘭。最早是以抽象畫和雕刻出道成為藝術家。1962年成立設計工作室，開始從事室內設計和工業設計的工作。在短短的9年創作生涯之中，遺留相當多的作品，更被視為義大利五〇風潮設計的先驅。

Junk
廢棄物，（1）廢物、無用之物。（2）垃圾。

K

Kaare Klint（1888〜1954）
柯雷·克林特，被譽為丹麥近代家具設計之父。在皇家藝術學院家具設計專攻建築，之後擔任家具科的首屆教授。確立包括人體尺寸法和生活用品標準尺寸，另外也因對傳統家具進行複習設計而知名，也培育出許多優秀設計師。

Kartell
1949年成立於義大利的家具商，不僅擁有優秀的塑膠成型技術，也結合當代的設計品味。從椅子到燈具、桌等各式家具都有生產，收納家具Componibili系列等仍今仍享有高人氣。

Kilim
織繡地毯。居住於中亞至西亞一帶，還有北非地區的遊牧民族，因生活需求而製作的織品物件。

Knockdown furniture
組合式家具。以分解拆卸的狀態捆包與運送，到了目的地再組裝完成的家具組。主要是為了降低運送成本，但是如果應客戶要求而組裝的話，會需要更高的人工費用（在客戶家中）。所以有些販售商會先將物件組裝好，再出貨送至客戶家中。

Komazawa road
駒澤大道。位於東京都世田谷區內到目黑區、東京走向的幹線道路，以聚集眾多家新興家具商店而聞名。還有像目黑大道也是擁有許多家具商店的聚集區。但是與作為主要幹線道的目黑大道相比，駒澤大道更接近近住宅區，充滿了在地商店的氣氛。

Kraan
水龍頭，也就是水栓口。原來用語是出自荷蘭的王冠一詞。像瓦斯管的栓口部份，也可以稱為龍頭。

L

Lacquer
亮光漆。以硝化纖維素（nitrocellulose）為原料的塗料，運用在包括家具以及許多商品等廣泛的使用範圍。以快速乾燥的膜層較為主要特徵，但是因為塗佈的膜層較薄，耐久性不佳。

Lattice
木柵格。木材製作成小格子閣樓，不僅可以利用在園藝上，也能當作室內的空間分隔。

Layout
配置。建築物的設置，包括房屋內部各空間的分配等。

Le Corbusier（1887〜1965）
柯比意，生於瑞士。本名為夏爾·愛德華·強努雷。13歲時進入當地的美術工藝學校就讀，因為發掘了建築才能，決定走上建築路。之後更提出許多世界知名的建築與都市計劃，而被譽為近代建築的巨匠，也有像長躺椅等知名家具作品。

Lifting table
伸縮桌，可以調整桌面高度的桌子款式。

Linen
亞麻布。麻布、麻類原料製作的布織品之統稱。

Linen fold
圓柱式。如同捲起來的餐巾布或捲起來的手帕一般，源自哥德樣式中的表板裝飾。

Linoleum
亞麻油地氈。將亞麻仁油等乾性油加熱，產生酸化作用，並加入木屑粉與顏料混合，接著塗佈在麻布上，製成可以鋪放於地面上的裝飾織品。

Living room
客廳，起居室。

Living space
居住空間，人類生活所需的場所空間。

Loft
閣樓。屋頂內的房間。可以做為物品的儲藏室，或是當成住房來運用。

Louver
外設百葉窗。將板狀材料以連續的方向，用來擺設，阻擋外部視線與光線，通常設置於窗外百多，為了獲得更好的間接照明效果，有些店面也會在天花板上裝設百葉窗片。

Lounge chair
吧台椅。放置在飯店酒吧（lounge）之中的獨特座椅設計款，通常都是採用椅背接座面的一體造型，也有與伊姆茲同名的經典設計，另外像搭配歐特曼樣式腳凳的休閒椅，也在酒吧中經常可見。

Low back
低背椅，椅背設計較為短小的椅子款式。

Low board
矮層架。高度較低的棚架統稱，電視櫃也是其中一種。

Low table
矮桌，高度較低的桌子。

M

Mahogany
桃紅木，檀木科的闊葉樹。以中美洲及南美等為原產地，表面上具有褐色的光澤，因此自古以來就被當成高級木材使用。直挺、耐久性佳。

Maisonette
挑高雙層公寓。在集合住宅的公寓大樓中，每一戶都是挑高的雙層樓設計之公寓類型。

Maker
製造商，製造業者、廠商。

Manierisme
風格主義，16世紀時發起的義大利美術樣式。字源來自義大利文的maniera風格之意。在文藝復興時期和巴洛克時期之間，曾一度中斷，近年來又開始受到歷史學者的注目與談論。

Mantelpiece
壁爐架。設置在暖爐上的裝飾用棚架。以裝飾為主要目的。

Maple
楓樹，闊葉樹的一種。植物分類上與槭樹相同。厚重硬實，耐撞擊，經常運用在地板的鋪設用途。

Masterpiece
名作，優秀的作品。不論時間經過多久，優秀的作品依然廣受好評的創作。

Mart Stam
（1899～1986）
馬特．史丹姆，生於荷蘭。因創作並發表世界首張獨特的懸臂椅構造聞名於世。自1928年起從事荷蘭克福地區的工作，也曾擔任包浩斯的客席教授。之後，更以俄羅斯的阿姆斯特丹等地區為建築事業活動的中心。

Meguro road
目黑大道，位於東京世田谷區的等等力到品川區的高輪國道，是東京都內知名的室內設計家具商店聚集區。

Mid-century
20世紀中期盛行的一種設計風潮，本書中統一稱為「五○風格」。在20世紀中左右，以美國為中心所生產的家具，與設計之樣式，如查爾斯和蕾依．伊姆茲的合板椅、FRP製殼型椅，還有潘頓設計的潘頓椅等為代表作品。

Minimalism
極簡藝術。以最少的裝飾要素，形成最簡單的造型，也有以複製許多小單位的設計手法。

Ming furniture
明朝家具。15～17世紀中國明代製作的家具樣式，其特徵是線條簡俐落和優雅簡約的裝飾性。

Milano salone
米蘭國際家具展。為現代設計家具的集結與發信地，廣受世界時尚人士的注目。

Mies van der Rohe
（1886～1969）
密斯．凡．德羅，生於德國。沒有學過正規的建築，而是在工地現場學習來建造。以利用鐵鋼架和玻璃來表現的家具而知名。1929年發表巴塞隆納椅。在包浩斯學校第三任校長，諾關閉後，前往美國的伊利諾伊工科大學，擔任建築學院院長。

Mirror curtain
蕾絲窗簾。為減少光線反射，而以絲質材料製作、具有遮蔽日光與視線功能的蕾絲窗簾。能保護隱私、節省能源、還能防止日曬。

Modeling
製作模型。在製造實際產品之前，都會先製作模型以茲參考。

Modern style
現代風格。獨特、沒有絲毫浪費、做工精緻的設計家具。利用單色系、玻璃材質等為主要元素，創作出簡單設計的造型。

Modern
摩登、現代化的樣式。通常以簡潔俐落的曲線、搭配直線，兼具高機能性為特徵。盡可能減少裝飾性設計。

Modernism
現代主義。以包浩斯後期的理念發展為開端，強調功能性之設計。而追求簡單、簡潔的設計美，而非裝飾性藝術的設計。

Module
模數。設計工程上制定的基準單位尺寸。

Modular
黃金寸法。指最適合的基準尺寸之意，由建築巨匠柯比意依照人體工學製作出「人間建築」基準尺寸。並將此寸法訂為

Mulberry
桑樹，落葉闊葉樹。木紋具有非常優美的線條，經常被運用於家具、樂器製作。日本伊豆七島生產的就稱為「島桑樹」，也是日本江戶時代用來製作衣物箱的珍貴材質。

Multi cover
多用途布套。可以運用在多項用途方面的布套，像當作沙發布套，或是想要遮蔽物件時使用。

Nanna Ditzel
（1923～2006）
娜娜．迪茲耶魯，生於丹麥哥本哈根。進入哥本哈根美術學校家具科就讀，並以藝術學院學院旁聽生的身份，接受柯雷．克林特（Kaare Klint）的指導。1956年33歲時獲得被譽為斯堪地那維亞室內設計之諾貝爾獎的魯尼格大獎，至2006年辭世之前都還以現役設計師的身份活躍於業界。

Natural stuff
天然材料。如木材、紙、草、瓷磚、石頭、土等天然原料與製成品。在室內設計上，運用了從天然木材到以紙、瓷磚、大理石等石頭，以桃、洋麻、洋麻（Kenaf）等為原料的壁紙，還有軟木塞與麻製成的地板，還有灰泥和珪藻土等等。

Natural
天然。完全保留天然木材的氣息，未經任何加工手法的木板狀態。以合板來說，就是指其中的一片薄板。

Naturalism
自然主義。重視自然的學說與主張。從生態學的論點出發，近年來也廣受各領域人士的注意。

Neoclassicism
新古典主義。為反對過於繁複的巴洛克及洛可風格，在18世紀中中期開始推動的新古典主義運動。提倡回歸到古希臘、古羅馬的美術與建築等風格。

Nest table
套疊桌。可以將設計相同，但是尺寸不同的桌子，整齊套疊在一起，也方便收藏。應狀況隨時添加補助桌的設計款式。

New simplicity
新簡約風。現代家具的新主張，不追求奇特形狀與尺寸的家具，反過來強調極自然與高實用性，而且希望流露出未經設計的自然美感之作品創作。

Night table
小夜桌。放置在床邊的小桌子，主要用來擺設燈具和時鐘等小東西用途。

Nook
角落。家中除了客廳以外，還能讓家人共聚之地點統稱。並不是指特定的空間或房間，但為了創造更舒適的相處空間，這也是不可欠缺的要素。不過在現實生活中，因為空間不足，其實不太容易劃分出類似這樣專門相處的空間。

O

North Europe
北歐，位於歐洲的北部地方。在設計的世界版圖上，專指丹麥、瑞典、挪威和芬蘭四個國家而言。

可以細分為印度、東南亞、中國和日本等各種不同的文化藝術。

Oak
橡木，櫟木科的落葉闊葉樹。木面出現如同老虎模樣的花紋，也稱為虎斑。生產於北美的落葉針葉樹種之一。可分為白橡木與紅橡木二種。經常運用在建築與家具的建材上。但以材質較硬、厚實，不易加工。但以適合做為曲木材料而知名。

Object
物件，法文中的物品、對象物之意。在工藝、美術的範圍之中，是指沒有特定用途的造型作品之統稱。

Oil finish
油乾法。先將木材浸泡在油中，然後放置等待完全乾燥的方式。使用的油多為亞麻仁油或桐油等。北歐家具中常見的柚木家具，種方式處理而知名。

Oil stain
著色油。使用在建材和牆壁等地方的一種塗料，能讓木材上的紋路更為清晰，以揮發油加上著色劑所製成。

Organic
有機物，也是指有機的意思。有機在設計領域上的用意，大多是用來表示具有自然弧度的美麗曲線。以有機法栽培所生產的作物，也稱為有機物。

Oriental
東方風格，意思指的就是來自東洋。包括亞洲各地不同風格之表現方式。實際上還

Oriented strand board
OSB建材，交叉組合木片板。將木材等材料，切成小片後，以合成樹脂進行接著，壓縮成型的一種板材。把木材的纖維以特定方向排列，也就是讓上下二層方向呈現90度方向的配置方式而成。經常被運用在建築物的主要結構部份，甲醛（formaldehyde）的釋放量較少，也是其特色之一。

如果有出現鳥眼一般的斑點紋，或是細紋木眼樣式，都屬於稀有的貴重工藝材料。

Ornament
裝飾品。一般是指擺設的物件，但是在室內設計之中則與裝飾（decoration）幾乎同義。不單只是裝飾之意，也代表具有權威性、宗教性等的象徵設計物。

Ottoman
歐特曼。在舒適椅組當中常見，讓腳部伸展而成為的椅子，原來是指包有軟墊座面的長板凳之意。

Outdoor bench
室外椅。放置在室外和庭院等土地上，具有休息或乘涼等用途。運用木材或竹子所做的長型座椅。

P

Paint
油漆、塗料。塗佈在物件表面，具有保護與著色用途的油漆顏料，是由樹脂類成分、水、油等，加上展色劑混合而成。

Painted maple
板屋楓，楓樹科的闊葉樹。木質稍硬，但是木材表面卻閃耀如同絲綢一般的光澤。

Pantry
食物儲藏室，指食品收藏庫，儲藏一些不需要置入冰箱，進行低溫保存食品的空間。亞洲地區較為少見，不過便利性相當高。

Pasania
櫟樹，屬於櫟科的闊葉樹。日本的，本州中部到四國、九州地區皆有生長。在朝鮮也多有栽植。木材偏重、較硬，應用於家具材料、建築、鋪木和薪炭等，也可以用來栽種香菇等而知名。

Paper sliding door
和式拉門，門的一種。在木框之中，以細長條木片組成格子模樣，並在另一面張貼和紙。下方以木板遮蓋，可以擋住視線上的雜亂空間。

Particle board
內層木材片合板，將木材切成薄片，以接著劑黏著、加熱高壓、製作成平板的形狀，這種合板也符合日本JIS的規格。在英國則是將此合板稱為薄片板。在美國因為合板稱做WB材（以大木片組合而成）或OSB材（採用）等。

Partition
隔間，將一整個大空間，利用牆壁將其區分為數個小空間的方法。固定式牆壁與可動式壁面，帶來的效果完全不同。

Patio
露臺，中庭，源自西班牙傳統住宅中的中庭，西班牙傳統住宅獨特建築

而來的字彙，現在已經成為中庭陽台的代表名詞了。

Paulownia
桐樹，闊葉樹的一種。木紋優美、輕量，且具有吸濕快乾的特性，適合用來保護衣物。以桐樹材製成的日式衣櫃被視為貴重的珍寶。

Pendant light
懸吊燈。利用電線和鏈條，從天花板垂吊而下的照明燈具。

Permanent press
PR加工。將棉或人造絲（rayon）等原料，如加工後，經過高熱和高壓加工處理，使摺邊、摺痕不容易消失，維持長時間的固定形狀。

Personal chair
個人座椅，個人專用椅。如果放置在客廳或房間地方，主要還是指歐特曼（沙發椅腳凳）樣式和可以放腳的舒適椅款式。

Philippe Starck
（1949〜）
菲力浦·史塔克，生於巴黎·卡蒙德（Camondo）美術工藝大學畢業後曾在皮爾·卡登（Pierre Cardin）公司擔任設計師。獨立後與Driade、Kartell、IDEE等知名家具商合作發表作品。也曾為日本朝日啤酒總公司大樓設計戶外雕塑品。

Pierre Paulin
（1927〜）
皮耶·波林，生於法國，學習雕刻與黏土造型。自1950年代開始，為THONET家具商的主要設計家具。1958年，成為荷蘭Artifort家具商的主要設計師，創作如舌型椅等許多風

Pile
絨毛，如同毛巾表面一般的絨毛部份，以棉材質來製作。表面呈現這種樣式的布料，也稱為絨毛布。

格輕快的座椅款式。也擔任大阪萬國博覽會的法國館家具設計。

Pilotis
未隔間，設置於建築物的一樓部份，沒有牆壁的空間。因為不在牆壁範圍內，所以該地面的面積，並未計入建築物之中。可以當成停車位等使用。

Pine
松樹，松科的落葉針葉樹。指北歐生產的松樹，雖然都是指歐洲可見的松木材，就是原來卻是俗稱的SPF的加拿大產2×4材料。隨著歲月樹脂也會開始變色，呈現紅褐色。

Pitcher
水罐，水壺。也是指盛裝果汁等的桌上用容器。英文也與棒球的投手同義。

Plain wood
原木。未塗任何塗料，直接表現木的材質之意。在日本也稱為「素木」。

Plasma television
電漿電視。藉由螢光燈般的電漿電視，光源在螢幕上排列，以產生高畫質影像的電視機種。薄型輕量是電漿電視最大的優點。

Plate make-up
化妝合板。在合板表面上，以各種方式使其美化。包括

Post-modern

後現代，接續現代主義之後的藝術、文化運動等現代主義中解放，回到以藝術裝飾（art deco）為中心的1920年代。混合過去與現代的各式各樣風格，展現出令人耳目一新的感覺。也具有折衷主義設計樣式的影子。

Plate wood 成型合板

成型合板。以薄切成片的木材，排成不同的纖維走向，再用接著劑將數枚接合在一起的成品。另外也稱為合板、木製合板。

Pleats

摺痕、指皺摺、摺紋。

Plywood 合板

合板。厚度1～3單位的單片木板，利用接著劑、疊合板（veneer）成型的木板型，即為合板，俗稱膠合板。以伊姆茲為代表，在五〇風潮家具中常被使用。

Polyester make-up plate 聚酯化妝合板

聚酯化妝合板。在合板表層，再加上聚酯膠成型的塑膠合板，也可以稱為塑膠板、塑膠合板。

Polypropylene 聚丙烯

聚丙烯，熱可塑性塑膠的一種。具備良好的耐藥品、耐天候、耐衝擊和耐疲勞等性能，抗鹼性也非常好，經常運用在室外家具和鉸鏈上。

Polyvinyl chloride

PVC聚氯乙烯，亦可稱為乙烯。

Porcelain

瓷器。將礦物磨碎的粉末加水、製作成形後，放入約攝氏1400度的高溫燒製完成。具有硬質地，細緻製

Poul Kjærholm（1929～1980）

保羅．凱亞荷魯姆，在丹麥、北日德蘭半島的楊因格地方長大。智得木工工匠技術後，進入威格納的工作室工作。後來前往哥本哈根美術工藝學校就讀，正式開始設計。後來前往威格納，30歲去世前開始，已創作出超過5051件的設計家。

Poul Henningsen（1894～1967）

保羅．漢寧森，生於丹麥。以建築家身份開始設計事業。1925年時，與Louis Poulsen家具商合作，接連發表許多照明作品，如PH燈、松果垂吊燈、雪球燈等，幾乎著名的北歐燈飾都是出自他之手。畢生設計超過200種照明創作。

Pottery

陶器。以黏土類的土塊做為原料，經由燒製而成的器物之統稱，與具有燒製而成器不同，陶器不具透光性。

PP Mobler

以生產漢斯．J．威格納（Hans J Wegner）木製作品，包括：The Chair、孔雀椅（Peacock Chair）、衣帽架椅（Valet Chair）等聞名的丹麥家具製造商。創立於1953年，至今雖維持約20人的小規模，但是獲得世界極高評價。

給一般大眾可以自由出入的地方。而在住宅方面，相對於個人的空間，公眾空間意指家庭全員的共用空間。

Product

產品。也是指製品。

Profession use

專業用具。專業人員所使用的工具、設備儀器等，不僅方便使用，而且耐久性佳。近年來，一般家庭選用專業用具的情況也日漸增加。但還是要注意，這些工具是否適合一般家庭的用途（如數量、強度等），都需要仔細考量。

Print

印染。在材料上添加顏色、花樣的加工步驟。除了染色之外，還有各種印刷方式（凸版、絲網印刷法等）可以運用。

Rayon

嫘縈。19世紀末期，在英國所發明的一種化學纖維（pulp）與木材紙漿（pulp）與含有短纖維的棉花，一起浸泡到溶解之後，再從中製作出的纖維素藥品之中。吸濕性良好，也容易染色。

Rattan

藤。原產於熱帶亞洲的椰子科植物，在東南亞也盛產藤編家具，在室內家具中也經常可見。

Q — Quilting

縫被。將二片布之間，塞入毛料、棉布等作為填充，表面上再以手工或機器製出裝飾點綴的圖案，也可以稱為刺繡、拼布。

Punching metal

穿孔金屬片。在金屬製平板上打洞，通常使用的材料為不鏽鋼、鋁製等，運用於地板下的通風口等情況較多。

Pulling door

內拉門。從二扇門之間，用手向內拉開的大門類型。

Public space

公眾空間，即公共空間。像企業、飯店等，則是指開放

R — Reclining Chair

可後仰式安樂椅的一種，椅背後方可以調節出不同的背部傾斜角度。

Redesign

再設計。將古老的設計，加入現代風格元素，創作出新的設計款式。

Reform

改裝。為了增加居住時的舒適性，可以利用增建、改建、整修、修補等工事來達到目的。從增築、變更隔間等大規模的動工，到更換一扇門等簡單的工事，都屬於改裝的範圍。

Renovation

改建。將現有的建築物進行大規模的改建修築工程，也是改變建築物用途或功能，提升機能性與價值的方式。

Repair

修理、修繕。

Reproduction

復刻。將過去已經停產的經典作品，重新再製作、生產，以重現當時原始設計的風貌為前提。

Retro

復古風，重新流行的風潮。在20世紀前半時期所製作的家具之中，以復刻版居多。

Riki Watanabe（1911～）

渡邊力，生於東京白金。進入東京帝國大學農學部就讀。1949年成立渡邊力設計事務所。除了三腳椅凳力作品曾獲得米蘭國際藝術三年展的金牌大獎之外，還有其他多項優秀的家具設計創作，也參與飯店的室內裝潢與SEIKO手表設計等。

P — S

Rocking chair
搖椅，具有可以前後搖擺的椅子構造。使用時非常舒適，但是起身時就需要使用一些技巧來輔助。

Rococo
洛可可風，出現在路易15世紀樣式的別稱。以非對稱式的雕刻、上彩方式來製作出葉片、貝殼、螺紋圖樣等的豐富裝飾為特徵。其中也有許多表現中國風與異國情調的藝術造型設計。

Roll screen
捲簾。可使用多種不同材質製作（包括蕾絲等），具有遮光與調節進光量之功能。

Roman shade
羅馬簾。有橫向的窗簾形態，也有以相同上下方向開合的簾子款式。善用織品的特性而創作出波浪的效果，豐富的層次感表現。

Ron Arad（1951〜）
隆．阿蘭德，生於以色列。自以色列的藝術學院畢業後，移居倫敦，自RCA學成之後，成立設計工作室。早期他並沒有受到太大的注目，直到1997年在米蘭的沙龍展發表湯姆．巴克椅後，才開始躍居明星設計師地位。目前在RCA擔任教育工作。

Rosewood
紫壇木，生產於巴西和中美洲、東南亞等地區，紅褐色、堅硬而且木紋細緻的美麗木材。高級家具材料。

Rug
地毯。鋪設在地面上的織物，通常約為1〜3張塌塌米的大小。

S

Saving energy
節能。減少浪費，讓能源獲得有效的運用。

Scandinavian
斯堪地那維亞。指北歐的斯堪地那維亞半島，是三個國家丹麥、挪威、瑞典的聚集地，也是經常使用的統稱。

Seat
座面，椅子接觸人體的部份。設計師的座椅，不只是平面思考，大多都具有符合人體工學的造型。

Select
精選。挑選出來的物件。

Separate chair
分離式座椅。像無扶手椅、單扶手椅、角落椅等可以自由組合、排列的椅子款式。

Separate curtain
分離式窗簾。窗簾分成不同的數片所組成，並不需要經常開闔的類型。

Shade
燈罩。具有調節光線、遮光的目的，也可以上下開合。

Shaker style
夏克樣式。在18世紀後半至19世紀前半，由美國夏克教徒引領出來的建築、家具樣式。以構造簡潔、高機能強為主要特徵。

Shelf
展示架，又稱陳列架。商品與物件的擺放棚架。

Sick house
污染住宅。住房內的牆壁和地面、結構、家具等製作材料中，含有受污染的化學物質，使得室內的空氣品質惡化，對人體健康產生影響。

Side board
邊櫃。放置在客廳或餐廳裡的橫長型裝飾櫃，通常是靠著壁面而設置。上面有可以擺放照明器具、小物件等的空間。從高度來看，以矮櫃居多。

Side chair
邊椅，指沒有扶手的座椅款式。

Side table
邊桌。放在椅子與沙發橫向接頭位置的、輔助用小桌子，通常被當成放置於灰缸和照明燈具的位置。

Slab
表板。在合板表層所鋪貼的修飾用表板，厚度為0.2〜0.9mm。還可細分為薄表板或厚表板。

Slide rail
滑行軌道。讓抽屜等輔助推的金屬小道具，可以輕鬆拉引，為使在軌道部份放入了滾珠軸承（ball bearing）與輪子。另外針對合使用的方式較多。

Sliding door
拉門。往橫方向開啟、關閉的門扉。

Soap finish
肥皂修整。以天然成份的肥皂水塗抹於木材表面的收尾方式，主要用於丹麥地區，讓木紋呈現更完美。

Sofa
沙發。可以休息的舒適長椅子，基本上為三人座，另外也有雙人情侶座與單人座的種類。

Soft down wall
下拉式棚架。如廚房上方的棚架結構，附有可以下拉到方便手取物的位置之機能。為了讓拉動的方式更便利，也有電動式的設計。

Soft leather
軟皮革。如同字面上的意義表示，要取得較軟的牛皮革，就應該選用仔牛皮（出生半年內的小牛）與小牛皮（出生半年後至二歲）用在室內家具方面，還可以運用在軟墊表層上，增加柔軟的觸感表現。

Soft wood
軟木，柔軟性佳、容易加工的木材類統稱。如西洋杉紅木（red wood）等為代表。本紅木（red cedar）與西洋杉屬於軟木，與木質的軟硬程度並無關係，目前都是以混合使用的方式較多。

SOHO
蘇活族。行動、家用小型辦公室使用者（small office home office）的簡稱，意指以自家為辦公地點，或10名工作人員以下的小規模公司。由於資訊串連與科技系統的發達，有日漸增多之趨勢。

Sori Yanagi（1951〜）
柳宗理，生於東京。父親是民藝運動家柳宗悅。在東京美術學校（現在的東京藝術大學）油畫科畢業後，進入坂倉準三事務所工作，1952年成立柳設計研究所。除了名的蝴蝶椅腳凳作品之外，還有餐具、汽車和高速公路等各類設計作品產生。

Soundproof
隔音設備。為防止屋外噪音干擾屋內生活的設備，也具有讓室內聲音不會洩露於外的雙重功能。

Spot light
聚光燈，只照射物體及區域的某一部份，集光性高的照明方式。

Spruce・Pine・Fir
SPF材，在寒帶針葉林地區中成長的雲杉木（spruce）、松木（pine）和冷杉（fir）樹木，都是屬於成長時程短、價格便宜的材料。主要用於2×4尺寸切割（the two-by-four method）的住宅結構木材。

Stacking

堆疊。字源出於英文的 stack，可以重疊堆放的意思。因此 stacking chair，就是指可以堆疊的椅子款式。

Stained glass

彩色鑲嵌玻璃。將有色玻璃切塊，並使用鉛棒熔出相連結的細鉛框，組合而成。大多使用在裝飾性目的。最早起源於中世紀歐洲的哥德樣式，尤其在許多教堂經常可見。

Stretch

編結，也就是指縫腳針法。運用與繩編一樣的方式，做出裝飾性的效果，也有多樣不同的變化型出現。

Stool

椅腳凳，沒有椅背和扶手的邊椅類型之統稱。如果是座面較高的款式，稱為高腳椅。還有像歐特曼（Ottoman）樣式與附有軟墊座面的長板凳等，也可以納入廣義的椅腳凳行列。

Storage space

收納空間。將生活用品與衣類等收放起來，如衣櫥、層架等的箱型家具皆是。

Structure plate

構造用合板。運用在建築構造上重要部份的合板材料，除了有9種因品質與強度試驗，所做成的等級分別之外，還有許多細部上的分類方式。

Stucco

灰泥。水泥工匠在牆壁上塗佈的材料，以石灰加上草類纖維，加水混成糊狀即完成，吸濕性機能良好。

T

Style furniture

樣式家具。指具有某個特定國家、某個時代獨特的歷史樣式之家具作品，可以從各個領域、風格等主題切入，就會有更深的認識與了解。也出現了以金屬棒製成的設計類型。裝上流腳，也就是創造出另一個空間，不過現在大多是以裝飾性的功能為主要訴求。

Sustainable

社區共存。以持續性、接近永久的街區長存為目標。通常都是與整體環境相連結，因此也有 sustainable community 等稱呼方式。

System kitchen

系統廚具廚房。以系統廚具打造的廚房，空間寬闊、容易使用，由置物櫃、爐具、清洗設備、流理台等組成的整體化廚房樣式。

Tableware

餐具統稱。陳列在餐桌上的食器用具，如盤子、玻璃杯、刀叉、湯匙等等。

Tacker

打釘機。和釘書機一樣，可以將金屬芯打入布料或皮革做為固定的手工具種類。除了家具製造外，還有運用空氣壓力的氣壓式設計等。

Tapestry

掛毯，意指掛在牆壁上的毯子，通常都是為了裝飾空間，因此有非常多類型的顏色、花紋等，如同圖畫一般。

Tassel

流蘇。如同窗簾一般，可以裝飾房內的隔間用具，最近

The two-by-four method

2×4，即2×4英吋的木材尺寸，是住宅中常用的木材切割工法名稱。特別為四面牆壁、天花板與地面，組成的6面立體住宅空間而設計的尺寸。不僅能發揮更多的設計構思，具備耐震性與耐火性等，都只是其特徵之一二。如果是使用2×6英吋的木材尺寸時，就會註明為2×6工法。還有像柱子部份的尺寸為2×10工法等，也可以寫成2×4工法等，利用尺寸來標示工法。

Teak

柚木，馬鞭草科（verbenaceae）的熱帶產落葉喬木。有金黃色或黃褐色等，與茶色調的相接條紋。木材表面就如同上過蠟一般的好觸感。耐久、防腐，是世界上高級的知名木材。

Taste

品味，自己的鑑賞力表現。

Tendo Mokko

天童木工，1946年成立於日本山形縣天童市，日本屈指可數的現代家具製造商。代表作有柳宗理的蝴蝶椅、坂倉建築研究所／長大作的低座椅子等。

Tenon

榫，以小木板插入木塊接合處，無需釘子就可以組合成家具使用。像衣櫥、屏風等也是如此做法。

Terracotta

素陶，指素燒。大部份都會繼續加工、製成陶器。

Textile

織品。和織布、內裝材料、垂布、壁掛等，運用於室內裝飾的布料，可分為織布與不織布。

Texture

質地。材料質感、觸感。

THONET

由1796年出生的建築用具工匠米歇爾．托奈特（Michael Thonet）在23歲（1819年）時設立的家具製造商。代表作品是1859年推出的 NO.14，即通稱的咖啡廳椅。

THONET style

托奈特風格，一般是指米歇爾．托奈特在18世紀前半時，開發出曲木技術而製成的獨特座椅款式。托奈特風格，也被當作具有豐富曲線造型椅子的統稱。

Torreya

香榧，常綠針葉樹。日本本州南部、四國、九州等溫暖的地方皆有生長。耐水、耐濕氣、性能佳，因此經常被運用在浴缸盆和船舶等方面。也以適合用於雕刻、製作象棋棋盤等材料而知名。

Tile

瓷磚。貼附於地面、牆壁面上的平型物件，使用的原料有，石頭與黏土燒製成的陶器、瓷器，還有像塑膠、柏油等，深具裝飾性。

Traditional construction methods

在來工法。從過去到現在所沿用的工法、傳統建造房屋的建築工法。以柱、樑、捆筋等部份，作成堅固的木柱材料，亦稱為輪組工法。

Tumbler

平底杯，一種大杯子。

U

Unit furniture

組合家具，單一種或數種基本型的箱子、棚架與抽屜等家具，可以自由組合搭配。

Universal design

整體設計，對每一個人都能提供安全、健康生活的設計考量。

Urethane

氨基鉀酸酯製品。利用氨基鉀酸酯，不僅可以製成泡棉，也可以製作合成皮料、接著劑等，依不同用途而衍生出來的各種材料。而通常使用氨基鉀酸酯所製成的，都是以泡棉居多。

Urethane foam

泡棉塑膠，利用氨基鉀酸酯材料，發泡後產生的泡棉狀石化製品。輕量、而且經由原料發泡方式，便能做出密度與硬度的調整，可以放在軟墊之中當成斷熱材等使用，許多用途。

Used

中古品。二手貨。

S — 其他

Utility
洗衣間。用來洗滌與熨燙衣物等，做家事的空間。

Varnish
亮光漆。塗料的一種。把樹脂、乾性油等進行溶解，可以製作成油性亮光漆或揮發性亮光漆。

Vase
花瓶。可以插放花草的容器，有各式各樣的造型，還有如西洋式、日式、金屬製和陶器等等多樣化種類。

Venetian glass
威尼斯玻璃杯。來自義大利威尼斯姆蘭諾島（murano）所製作，杯腳形同裙子一般造型的玻璃杯。以白色的蕾絲與緞帶、搭配金色的點綴裝飾，蔚為經典之作。

Verner Panton（1926~1998）
維諾·潘頓，生於丹麥。自丹麥皇家藝術學院攻讀建築之後，進入阿魯涅·雅珂柏森的建築事務所工作。29歲獨立，成立自己的建築設計事務所，移居瑞士後，開始從事國際性的設計工作。造型特別的潘頓椅正是他的家具代表作品。

Vico Magistretti（1920~2006）
威寇·馬吉斯崔提，生於米蘭。自米蘭工科大學建築學科畢業。不只在建築界相當出名，也和Cassina、Kartel二等義大利知名家具商共同推出許多商品。可以說是奠定義大利家具設計界基石的前輩，年過80仍熱衷於設計工作，活躍於業界，

2006年逝世。

Vintage
年份精品。原來是指在特殊年間，以採收到的優良葡萄所製成之葡萄酒。後來延伸為隨著時間並產生價值的廣義解釋。價值，則是由評價與需求而來。

Vitra
1943年創業的德國家具商，從喬治·尼爾森（George Nelson）、維諾·潘頓（Verner Panton）等五〇風潮設計大師到傑士伯·莫里森（Jasper Morrison）、菲力浦·史塔克（Philippe Starck）等人的作品都有製造。另外，也推出經典作品1：6比例的迷你版系列。

Wall paper
壁紙。貼附在房屋壁面上的

Walk in closet
衣櫥間。人可以進入走動的衣櫥空間。收納容量大，也非常便利，廣受歡迎的室內裝潢方式。

Wagon
推車。以搬運為目的所製作的家具。腳部附有轉輪。還可分成茶推車、桌型推車和服務型推車等款式。

裝飾材料，依原料和樣式來看，可概分為「和紙」與「洋紙」兩種，還有像使用塑膠材質的合成紙，這種強調耐久性佳與方便取得之特點的壁紙也日益盛行。

Walnut
胡桃木，一種木材。表面具有光澤，高硬度也容易進行加工作業。

Wardrobe
衣櫃，又稱衣櫥。收藏衣物的家具用品。

Water repellent
防水加工。為達到防水效果的加工方式，古代是使用蠟或油等原料，而今日則採用氟化物等化學成分進行加工。不僅能保持透氣性，而且抗污力強，因此廣泛應用於衣服及室內家具等多樣化範疇。

White ash
白蠟樹，木犀科的闊葉樹。在北美等全區域皆有生長，邊材為白色、心材是淡褐色，硬度適中，耐久性佳，也容易加工。運用於家具用材、建築用材與合板材等。

White birch
白樺木，原產於北美的樺木科闊葉樹。容易加工，而且具有美麗的表面紋理，經常使用於家具製作、鋪設地板等用途，也適合當作曲木材料

Waving
編帶。具備椅面緩衝功能的伸縮性帶狀物，一般是使用纖維與橡膠的合成品。

Wood inner
木裡。指在製作木材時，最靠近樹心的切面部份。乾燥之後，木裡面就容易產生反凸的情況。

Wood out
木表。製作木材時，靠近樹皮的切斷面部份。

Writing bureau
書寫櫃。打開櫃子上方的門板並放下，就成為了書寫桌的設計。通常都是將上方設計為書架，下面設有抽屜，方便收放小件。不書寫時，可以當成收納箱使用。

Wiping paper
浮雕紙。以印刷顏料將印有凹凸花紋紙面的凸起部份上色，讓凹下部份產生立體陰影的效果。

Windsor style
溫莎式。在英國蘭開郡、約克郡地區中，農民們經常使用的日常生活家具之樣式。工業革命後的18世紀後半時期，由位於白金漢郡地區、森林地帶中的製作工坊，大量生產這種樣式的家具，提供倫敦居民的需求。

料，但耐久性欠佳。

White oak
白橡樹，山毛櫸科闊葉樹，原產於北美地區。黃褐色中帶有紅褐色，材質中有斑點。木質厚重、堅硬、強度也高。在日本也成為日本橡木（Japanese oak）的替代用木材。木紋較日本橡木粗大，顏色也略白。

Writing desk
書寫桌。寫字時用的桌子，也有書寫櫃（writing bureau）的款式。

Year plate
紀念盤。每一年各大知名品牌都會選在聖誕節假期時，發表販售當年的紀念盤子。

Zanotta
1954年以製作沙發為事業起點而創立的義大利家具商，代表作為在皮袋之中灌滿保麗龍塑膠球，而沒有固定形狀的沙克椅（Sacco）。

Zelkova
櫸樹，闊葉樹的一種。木紋非常美麗、堅實，具有彈性的木材。也是古代流傳下來的常用結構材。

Zoning
區域劃分，將建築物依用途、劃分出不同的單位區塊。在建築計劃中，這也是決定各空間位置關係方面的重要考量因素。

町屋
日本京都地方過去將店舖與住家合為一體的商家住宅建造型式。江戶時代的商人住家，也稱為町屋。

坪
台灣民間計算面積使用單位，3.3平方公尺為一坪，與二個榻榻米大小。

觀音開口
指左右門皆可開啟的意思。如同日本擺放神像的佛壇和廚房的門扉開啟方式一樣，所以有此稱呼產生。

樂活文化全系列優質讀本

運動休閒系列 How to keep your life health

瑜伽入門書
本書以為瑜伽初學者編寫一本完整的入門書為念。以淺顯易懂、更簡單的方式,帶領大家進入瑜伽的世界。

全彩208頁
NT$360

全方位瑜伽
瑜伽是幫助妳達成身心暢快,全面掌控身體及心靈的最佳途徑。就從本書所收錄的體位法開始實踐吧!

全彩240頁
NT$360

瑜伽大全
從瑜伽歷史開始揭開其神秘面紗。詳盡、易懂的解說帶領瑜伽入門者解開疑惑,開啟通往瑜伽的大門。

全彩232頁
NT$360

健跑養成計劃書
只要掌握正確的方法,任誰都能享受跑步的樂趣喔。本書將要告訴你愉悅地展開跑步生涯的秘訣。

全彩192頁
NT$360

輕鬆跑馬拉松
按照現在的跑步實力,選定訓練計畫,跟著我們一起按部就班,輕鬆挑戰42.195km的路程,不再是夢想!

全彩192頁
NT$360

輕鬆變身纖腿系美人
本書介紹多種簡單的美腿小運動,在家輕鬆練習,讓每個人都能擁有夢想中的性感翹臀和勻稱雙腿!

全彩160頁
NT$280

ENZO早川的公路車體能訓練
筆者公開獨門的體能特訓計劃!依照書中內容就能鍛鍊出「乾淨俐落＝有效率」的踩踏動作與騎乘姿勢。

全彩128頁
NT$299

公路車設定指南
「公路車完全攻略」好評推出第二彈!跨上正確設定好的公路車,輕鬆征服長途路程,享受追風馳騁的樂趣。

全彩168頁
NT$360

公路車完全攻略
本書為您詳細介紹路上最高速自行車—公路車內容涵蓋選購公路車、騎騁路線與維修保養,入門者絕對不要錯過!

全彩208頁
NT$380

自行車設定
從選購第一輛自行車到設定的知識完整收錄。讓愛車與您能達至最恰當的騎乘設定,更自在地品味騎乘之樂!

全彩192頁
NT$360

自行車減肥
自行車運動不但可有效燃燒脂肪,讓身體曲線緊實有致,還能舒緩壓力,對身心好處多多,您一定要試試看!

全彩184頁
NT$360

公路車爬坡入門書
單車爬坡就是以目前最具人氣的公路車,著重於攻略上坡的競技活動。本書傳授讓你爬得更快、更好玩的所有秘訣!

全彩160頁
NT$360

LOHO PUBLISHING